# REIT ROWND

## Cyffes

Aled Jones Williams

CYHOEDDIADAU'R
GAIR

Cyhoeddwyd gan Cyhoeddiadau'r Gair 2025



Golygydd: Mair Jones Parry
Golygydd Cyffredinol: Aled Davies
Dylunio a Chysodi: Rhys Llwyd



Mae'r holl ddyfyniadau Beiblaidd yn dod o Feibl William Morgan.



Cyhoeddwyd gan:
**Cyhoeddiadau'r Gair**
Ael y Bryn, Chwilog, Pwllheli, Gwynedd. LL53 6SH.
www.ysgolsul.com

When you turn the corner
And you run into *yourself*
Then you know that you have turned
All the corners that are left.

'Final Curve'

Langston Hughes

*Selected Poems*

Ond hiraeth doeth y galon adre a'm dug

'Adref'
R. Williams Parry

Words are but under-agents in their souls

'The Prelude'

*Llyfr X11*

William Wordsworth

...there is no way to God but through time.

'Augustine on Creation'

*On Augustine*

Rowan Williams

# Rhagair

Rowan Williams

'The end of all our exploring', sgrifennodd T.S. Eliot, 'Will be to arrive where we started/And know the place for the first time.' Neu, yn fwy syml, mynd reit rownd. Yn y llyfryn hwn – llyfr dwys, nwyfus, brathog – mae Aled Jones Williams yn rhoi i ni nid yn unig 'hunangofiant' o fath confensiynol, ond llun o'r siwrne yn ôl i ddyfnder y dychymyg, siwrne sy'n cael ei symbylu gan amrywiaeth o bethau. Rydym yn dechrau gyda choffadwriaethau sy'n deffro mewn 'Lleoliad Cymun y Saint' – hen eglwys lle mae'r bardd wedi derbyn ei argraffiadau cyntaf o nerth iaith y Beibl a'r litwrgi, nerth geiriau nad ydynt yn bwriadu datrys problemau ond creu byd newydd o golled a ffeindo, o berthnasau a chysylltiadau, sy'n parhau ar lefel llawer mwy dwfn na lefel o gydwybodoldeb yn unig. 'Nid cwestiwn,' meddai fe, 'o "fodolaeth" Duw ond cywirdeb ei enwi.' Ac y mae'r 'cywirdeb' hwn yn ymddangos yn eglur pan ydym yn deall pwrpas ein llefaru yng nghyd-destun eglwys neu farddoniaeth – nid esbonio ond dyfnhau, 'nid gwybodaeth ond perthynas.'

Mae'r bardd yn gwrando bob amser arno'i hun, yn darganfod beth mae'n ei wybod a beth nad yw yn ei wybod. Mae'n rhaid iddo fe ddatgysylltu geiriau ein hiaith gynefin er mwyn datguddio beth mae Wordsworth wedi'i alw yn *underpresence.* Darllenwch y cerddi sy'n canlyn stori'r bardd yn y llyfr hwn – neu, i fod yn fwy cywir, edrychwch; edrychwch sut mae'r gair 'duw' (cas isel) yn toddi geiriau sy'n ei ganlyn, creu cysylltiadau newydd rhwng y darnau a'r *debris* ar y tudalen. *Deconstruction,* neu efallai 'dad-cread' Simone Weil. A phwrpas y gerdd, fel pwrpas llefaru am 'dduw' yw'r math hwn o ailenedigaeth y byd – y byd o iaith a meddwl – heb unrhyw syniad o esboniad. Dim ond cael syniad o *underpresence.*

A dyma bwysigrwydd profiad o ddioddefaint fel symbyliad i newid ein hiaith. Os yw 'problem drygioni' yn ffefryn gydag anffyddwyr gan ymresymu â'r ffyddloniaid, nid yw seciwlariaeth yn gwneud pethau yn haws: a hefyd, ni all seciwlariaeth faethu gwrthdystiad proffwydol yn erbyn dioddefaint, yn enw Duw (duw?) ffeindrwydd a thrugaredd sy'n siapio dychymyg Cristnogaeth (ac Iddewaeth ac Islam hefyd, wrth gwrs), a dychymyg Aled Jones Williams yn arbennig. Mae e'n sgrifennu ynglŷn â'i gyfarfod â chansar yn ddewr ac yn ddidwyll; ac mae'r profiad hwn wedi dwysáu'r syniad o fod yn greadur sy'n byw 'rhwng cyfyng furiau' yn ôl Waldo. Pwysig iawn yma yw delwedd o gansar fel 'fi arall' – nid gelyn o'r tu allan, ond rhyw fath o arwydd, sy'n cyfeirio at y ffaith ein bod ni'n elynion i ni'n hunain, rhyw fath o arwydd o'r dieithrwch mewnol sydd mor gynefin i ni gyd, pellter rhwng arwyneb a dyfnder.

Mae geiriau wedi mynd yn ffyll, *overgrown.* Tasg y bardd yw clirio hyn oll – er rhyddhau y geiriau eu hunain i glirio popeth sydd wedi tyfu lan i ordyfu bywyd enaid neu galon. 'Reit rownd' unwaith eto? Llefaru geiriau sy'n gallu llefaru wrthym? A dan hyn oll, un darganfyddiad canolog, darganfyddiad Awstin (arwr i Aled JW fel i minnau): 'Nad aeth yr Atgyfodiad oddi wrthyf. Y fi aeth.'

Llyfr eithriadol yw hwn, yn cynnig digonedd o ddoethineb *aphoristic* ochr yn ochr â hanes personol o frwydr a gweledigaeth, a hefyd dealltwriaethau ynglŷn â phethau a phersonau amrywiol – Lucian Freud a'i dad-cu Sigmund, Karl Barth, Czeslaw Milosz... Mae gennym yma fyfyrdod ar eicon y Drindod gan Andrei Rublev (a ffilm Tarkovsky ynglŷn â'r peintiwr) sy'n fwy gwybodus na llawer o lyfrau llawer mwy cynhwysfawr. Llyfr cymeradwy, hardd, ansefydlog, ymddiriedol. Diolch o galon i'r awdur.

# REIT ROWND
## Cyffes

1968, efallai? Yn ddeuddeg oed?

Tua'r adeg yna, mae'n debyg.

Mi rydw i a fy nhad yn cerdded Reit Rownd.

Er mwyn i ti gael cryfhau cyn mynd yn ôl i'r ysgol, yw ei esboniad ar y mynd am dro hwn y pnawn hwnnw.

Fi oedd wedi bod yn sâl oherwydd llid ar yr aren.

Cofiaf y gair *llid*.

Oedd o'n air newydd i mi?

Pam fod ambell i air yn glynu yn y cof, dybed?

Mae hi'n ddiwedd Ebrill, ddechrau Mai, 2023.

Rwyf fi'n chwe deg a chwech.

Rwyf fi'n gwthio fy ŵyr bach, Meuryn Eben, yn ei goitj Reit Rownd.

Mae ei rieni, fy mab Marc a'i gymar Bethan, newydd symud i fyw i Tir Bach, Dinas, cwta fis ar ôl ei enedigaeth yn Efrog Newydd.

O'r ddinas i Dinas fel yr ydw i wedi ei ddweud wrth sawl un bellach.

I fyny'r lôn o'u tŷ newydd hwy mae'r Ficerdy ymhle y'm maged i.

Blwyddyn yn ôl tynnwyd fy aren chwith oherwydd cansar.

Rwy'n siarad lol hefo Meuryn wrth i mi ei wthio.

Ond mae o wedi cysgu.

Well i mi esbonio Reit Rownd.

Enw a fathwyd gan deulu'r Ficerdy hyd y gwn i am y cylch o tua tair milltir sy'n cychwyn o'r Ficerdy ei hun, lawr yr allt, dros bont y lein, Eglwys Sant Gwyndaf a Dinas Cottages islaw ar y dde, heibio Ty'n Llan, ffarm Geufron ar y dde, Morogoro o'n blaenau, golygfa odidog oddi yma am Saron a'r ddau Foryd, lawr y lôn â ni a heibio Plas nes cyrraedd Ysgol Felinwnda, troi i'r chwith lle mae Felinwnda ei hun, dros bont afon Carrog fechan, ei dŵr serw yn diffodd yng nghysgodion y dail, ymlaen hyd nes cyrraedd Dinas y Pridd, y gaer hynafol a'i choed talsyth yn y cae cyn i ni gyrraedd Rhedynog, Gwylfa yn y man, Parc bellach draw, i fyny at Glanrhyd a'r capel, ac yn ôl ar hyd y lôn bost i Menai View, a'r Ficerdy drachefn.

A dyna chi Reit Rownd.

Yn llythrennol felly.

Ac ar fap.

Ni feddyliais erioed y byddwn fyth eto'n cerdded Reit Rownd. Fy ngorffennol ydoedd.

Ond rhwng y cerdded hwnnw hefo fy nhad flynyddoedd lawer yn ôl a'r cerdded presennol hefo Meuryn mae'r llythrennol – fel popeth bron – wedi troi'n fetaffor. Yn ddelwedd. Yn llun.

Rwyf yn ôl.

Ond ym mha ystyr yr wyf fi'n ôl?

Cyd-ddigwyddiad, damwain, hap? Bethan a Marc yn penderfynu dychwelyd i Gymru, i fod wrth ein hymlau, a medru magu Meuryn yn Gymro – fel y dychwelais i i Gymru o Lerpwl mewn cuddwisg offeiriad ond mai'r gwir reswm oedd medru magu fy mhlant fy hun yn Gymry Cymraeg. A oes angen mwy o esboniad na hynny? Dyma'r 'esboniad' amlwg.

Ond nid wyf fi'n chwilio am 'esboniad'. Heb sôn am ddim byd 'amlwg'.

Cau lawr mae pob 'esboniad'.

Yn aml y mae pethau trymach yn sipian o dan ddrws cloëdig 'esboniad'.

Yn y pethau sy'n dianc o'n gafael y mae'r gwir, ia ddim?

Benthycaf eiriau oddi wrth y bardd Americanaidd, Louise Glück, a enillodd y Wobr Nobel am lenyddiaeth yn 2020, ac a fu farw y llynedd (2023) i fy nghynorthwyo er mwyn dyfod yn nes at 'rhywbeth':

> You will leave the village where you were born
> and in another country you'll become very rich, very powerful,
> but always you will mourn something you left behind, even though you can't say what it was,
> and eventually you will return to seek it.

'Midsummer'
(o'r gyfrol *A Village Life*)

Ffydd yw'r peth a adewais ar ôl.

Ac yn ei alaru yn ddiarwybod.

A'r hyn oedd yn sipian o dan ddrws yr 'esboniad' amlwg... oedd Gras.

Miragl yw hyn.

Yn od iawn, mae'n well gennyf y gair 'miragl' yn hytrach na'r gair mwy cyfarwydd 'gwyrth'. Fel yr wyf y dyddiau hyn yn ffafrio 'duw' yn hytrach na Duw. Mae'n debyg oherwydd fod 'pawb' yn tybio eu bod yn 'gwybod' beth yw 'gwyrth'; ac yn sicr yn meddwl eu bod yn 'gwybod' 'beth' yw Duw. Felly, wrth ddieithrio drwy ddefnyddio gair nas defnyddir yn aml, os o gwbl – 'miragl' – a thynnu'r D-fawr o duw a dyfynodi'r gair, rwy'n annog pwyllo, ac ailystyried, cwestiynu y 'gwybod', gan arddel rhinwedd an-wybod(aeth).

Felly'r miragl. Nid am ymyrryd dwyfol y soniaf, oherwydd fod ymyrryd o'r fath yn naw-wfftio unrhyw ganiatâd. Nid unben mo 'duw' ond perthynas. Ynof yn rhywle yr oeddwn yn dweud 'ie' a 'cei' – yn yr ystyr o 'mi gei' – wrth 'dduw'. Rhoddais ganiatâd 'iddo' weithredu ynof. Gweithredodd 'yntau'. Dyna sail, mi ddywedwn i, miragl. Ond... 'duw' a roddodd i mi y gallu i ddweud 'cei' wrth gwrs.

Gwerth dyfynnu yma y traethydd yn y cyfieithiad Saesneg o nofel Joseph Roth *Die Legende vom Heiligen Trinker* (Chwedl y Meddwyn Sanctaidd):

'The whole thing was simply a miracle, and the nuts and bolts of a miracle have nothing miraculous about them.'

O ble y daeth fy 'ie'?

Un bore a Meuryn a fi wedi bod Reit Rownd ac yn dwad yn ôl am Tir Bach ei gartref, gwelaf gar wedi ei barcio wrth ymyl giatiau Eglwys Sant Gwyndaf. Yma y'm bedyddiwyd gan Llywelyn Hughes, cyn-ficer fy nhad pan oedd fy nhad yn gurad cynorthwyol iddo ym Machynlleth. Yma hefyd y bedyddiwyd Marc, gan fy nhad. Yma y derbyniais fedydd esgob gan yr Esgob G.O. Williams. O'r eglwys hon yr euthum i gael fy ordeinio. Duw yn unig a ŵyr pa bryd y bûm yn yr eglwys hon ddiwethaf.

Cynhebrwng fy nhad mae'n debyg ym 1997.

Heddiw rwy'n mentro hefo'r hogyn bach. Fyddwn i wedi mynd fy hun? Go brin?

Ond rhywsut mae presenoldeb fy ŵyr yn fy ngalluogi.

Wrth fynd ar hyd y llwybr teimlaf ynof fy hun y dwishodwimisho. Cer yn dy flaen a cher yn dy ôl.

Af heibio beddau y bobl a adwaenwn bob un ohonynt. Y beddau eraill hŷn – y byddwn ar un tro yn casglu englynion oddi arnynt – yn ymestyn o amgylch yr eglwys; y mieri a'r drain yn eu tagu.

Ac ydy mae'r drws ar agor – oeddwn i eisiau iddo fod? – a thrydanwr yn chwilio am y bocs ffiwsus. Torrwn air â'n gilydd.

Meuryn bellach o'i goits ac yn fy mreichiau, dangosaf iddo'r gofeb i fy nhad – ei hen daid – ar y wal ger yr allor. Mae'n fy nharo'n chwithig iddynt ddefnyddio'r gair 'tabled' yn hytrach na 'carreg' yn yr arysgrif i gofio *Canon Robert Edward Williams, Ficer y Plwyf hwn o 1955 hyd 1987.*

Dad.

Ond mae'r gair tabled wedi glynu ynof. A gwneud i mi feddwl am siop gemust Arthur Williams ar y Maes yn G'narfon ers talwm. Wedi hen gau. Fel pethau ynof finnau.

Mae Meuryn yn gweld glöyn byw. A'i ddilyn â'i edrychiad.

Edrychaf ar y ddarllenfa a'r Beibl yn gorwedd arni.

Yn sydyn cofiaf – o ble ar wyneb y ddaear wedi'r holl flynyddoedd y daeth hyn? – y tro cyntaf i mi ddarllen y llithoedd – tua deuddeg ballu oeddwn? – yn y Gosber yma, mai gweddi Tobit oedd y llith gyntaf.

Llyfr Tobit? Yr Apocryffa? Un o'r gwahaniaethau rhwng eglwys a chapel? Llith?... Oes 'na rywun yna bellach sy'n gwybod y pethau hyn?

Sylwaf fod Y Beibl wedi cau. Fel siop gemust Arthur

Williams.

'Un o fama da chi?' mae'r trydanwr yn ei holi.

'O ia. O fama,' dwi'n ei ddeud.

'A fynta?'

Sbïaf ar Meuryn.

'Ia,' dwi'n fentro'i ddeud. 'Via New York.'

'Ew,' meddai'r dyn.

A minnau'n gwybod fy mod wedi cyrraedd mangre fy 'ie'. Eglwys Sant Gwyndaf Hen, mab Emyr Llydaw, y mae eglwys arall iddo mewn Llanwnda arall yn Sir Benfro.

Yn fy nychymyg y mae'r eglwys yn deffro.

Deallaf eto – a mwy na deall – Gymun y Saint.

Ar y cyfan y mae fy 'ymwybyddiaeth' o'r meirwon yn dila iawn. Mewn presennol byw y 'dirnadaf' hwy. Rhyw 'yma' effro nad yw'n ddoe, na heddiw, nac yfory. Nid cofio a'i anwadalwch a'i dyllau yw hyn.

Cymun y Saint ydyw.

A Gras yw hynny.

Rhodd.

(Rhodd a ddaw yn gwbl ddi-chwilio-amdano, heb haeddiant, heb amodau ynghlwm wrtho, nid fel 'tâl' am fywyd o ddaioni a rhinwedd, ac a deimlir pan ddaw fel 'etholedigaeth'. Ac i eraill yn teimlo fel anghyfiawnder. Mynd yn groes i'n ffyrdd ni o feddwl a wna Gras. Yn groes i'r hyn a dybiwn ni yw tegwch.)

Nid oes a wnelo fy mherthynas â'r meirwon ddim â'r hyn a elwir yn seicic. Ysbrydion a bwci-bos a ballu.

Nid wyf yn 'gweld' neb na dim.

Ymwybyddiaeth ydyw yn y cyfan-gwbl ohonof, y cyfanrwydd cymhleth – 'enaid' yw'r hen enw am y cyfan-gwbl yna a'r undeb cymhleth – oherwydd i mi gael fy nhrwytho yn fy mlynyddoedd cynnar yn yr eglwys hon gan 'bethau' y cyfrifaf hwy erbyn hyn yn angenrheidiol i dyfiant a lles bodau dynol. A hebddynt – fel sydd yn digwydd erbyn hyn – mae coll o enfawredd dychrynllyd. Rydym oll yn llai, er meddwl ein bod rhywsut wedi ein rhyddfreinio o 'hualau'r crefyddol'. Ac yn 'well' hebddo.

Dyma'r Golled Erchyll gyfoes.

Second Space yw enw'r bardd Czeslaw Milosz ar yr hyn sydd wedi ei golli gennym. Mae'n werthu dyfynnu'r gerdd o'r un enw yn ei chrynswth yn y cyfieithiad Saesneg o'r Bwyleg gwreiddiol gan Robert Hass:

Second Space

How spacious the heavenly halls are!
Approach them on aerial stairs.
Above white clouds, they are the hanging gardens of paradise.

A soul tears itself from the body and soars.
It remembers that there is an up.
And there is a down.

Have we really lost faith in that other space?
Have they vanished for ever, both Heaven and Hell?

> Without unearthly meadows how to meet salvation?
> And where will the damned find suitable quarters?
>
> Let us weep, lament the enormity of the loss.
> Let us smear our faces with coal, loosen our hair.
>
> Let us implore that it be returned to us.
> That second space.

Beth yw'r 'pethau' rheiny a roddwyd i mi yn Eglwys Gwyndaf Hen ac sydd yn cynysgaeddu 'ail le' Milosz?

Gan fy mod wedi enwi Cymun y Saint, dechreuaf yno.

Byddai fy nhad weithiau, a minnau'n fach wrth ei ochr, yn edrych hwnt ac yma ar hyd y meinciau gweigion yn yr eglwys gan ynganu: 'Yr hen greaduriaid.' Nid cofio yr oedd. Yr oedd yn eu 'gweld'.

Cymun y Saint, mewn geiriau eraill.

Y Cwmwl Tystion, yn enw arall.

Y gorffennol yw cofio. Y presennol yw Cymun y Saint.

Yr ymwybyddiaeth yna o bawb a phopeth 'yn Nuw'.

Nid bywyd ar ôl marwolaeth yw hyn. Dyhead dynol yw hynny yn y bôn. Nid wyf yn meddwl ei fod yn 'syniad' Cristnogol o gwbl.

(Nid oes gennyf unrhyw farn, fel y cyfryw, am 'fywyd ar ôl marwolaeth'. Llugoer iawn wyf tuag ato. Clywais sawl un yn dweud, 'Os nad oes bywyd ar ôl marwolaeth yna rhof heibio fy ffydd.' Ond pa fath o ffydd yw hynny? Un yn cynnwys amod. Fel dweud wrth dderbyn rhodd: 'Chymerai mo'r rhodd yma os nad beic ydy o. Ac nid unrhyw fath o feic ond un…' Efallai fod yna rhyw lun ar fywyd ar ôl marwolaeth – nad ydym eto wedi dod ar ei draws – sydd fwy i'w wneud â bioleg na dim arall? Nid oes a wnelo bywyd ar ôl marwolaeth o angenrheidrwydd ddim â Duw. Gwrandewch ar ysbrydegydd neu y rhai sydd â chred mewn ailymgnawdoliad [reincarnation] i weld hynny.)

Atgyfodiad yw'r peth. Atgyfodiad sydd mewn Cristnogaeth.

A gwirionedd am Dduw yn 'ei' Drindod *yw Atgyfodiad.*

Un o roddion Gras.

Yr wyf yn ei 'adnabod' – ei 'deimlo' – heb yr angen i'w 'ddiffino'. Hyd yn oed pe medrwn ei 'ddiffinio'.

Nid fy nyfodol ydyw.

Y presennol yw ym mhob ystyr.

Yr un sy'n ynganu fy enw.

Y 'Mair' yn yr ardd.

Felly, nid 'syniad' neu 'ddyhead', neu 'gyflwr', neu 'beth' yw atgyfodiad, ond perthynas.

Y mae i'r Atgyfodiad enw personol: Iesu.

Sut y bydd yr Atgyfodiad yn ei lawnder yn 'mynegi' ei hun 'maes o law' nid oes ond Duw a ŵyr. Y mae y tu hwnt i'n dirnadaeth.

(Mewn llyfr cymhleth – *Against Innocence* – am ysgrifenwraig gymhlethach, yr athronydd Gillian Rose, y mae'r awdur, Andrew Shanks, yn dweud hyn wrth gyferbynnu y syniad o annherfynoldeb – infinity – yng ngweithiau dau athronydd arall, Hegel a Fichte, '...not an infinity of enrichment, but just an infinity of extension'. Yr ymestyniad – extension – yw bywyd ar ôl marwolaeth; y cyfoethogi – enrichment – yw atgyfodiad.)

Ond yr oeddwn yma un tro mewn Atgyfodiad.

A Meuryn yn fy mreichiau rwyf yn yr Atgyfodiad eto.

Er nad aeth yr Atgyfodiad erioed oddi wrthyf.

Y fi aeth.

'Hiraeth doeth y galon' yr agnostig Williams Parry a ddaeth â fi yma.

Athrylith y bardd yn gosod yn annisgwyl a hollol anarferol y gair 'doeth' ochr yn ochr â 'hiraeth' – rhywbeth sentimental, llawn o'r felan yw 'hiraeth' yn aml, yn enwedig i ni'r Cymry – ond y tro hwn dyma hiraeth gwydn ac ynddo'r doethineb i fynd ag o, y bardd, i'r lle iawn a chywir – adref, yn rhydd o'r Rhamantiaeth – gwag yn y bôn – 'marchogion Cred', 'twrnamaint' ac 'eurwallt fun'.

Teimlaf finnau hefo Meuryn: 'ni bu dwthwn fel y dwthwn hwn.'

Y mae 'swm fy hiraeth' colomen Morgan Llwyd yn *Llyfr y Tri Aderyn* ar yr un trywydd.

Yr hiraeth Awgwstinaidd: '...anfoddog yw ein calon hyd nes y gorffwysa ynot ti.' *Cyffesion*, Awstin Sant.

Hiraeth a blannwyd gan Dduw ei hun.

Ac efallai mai dyna yw un – y brif? – elfen yn y syniad o ddelw Duw ynom: ein hiraeth am Dduw er na wyddom mai hynny ydyw. Hiraeth na eill yr un gwrthrych materol nac 'ysbrydol' ei ddiwallu. Gwrandawn ar ein profiad o fyw beunyddiol i ddirnad hyn.

A'r hiraeth hwnnw sydd yn ein gyrru ymlaen i chwilio, i ddamcaniaethu, i ddarganfod, i anniddigo drwy wyddoniaeth a llenyddiaeth, dringo mynyddoedd, ac ymweld â'r gwahanol a'r dieithr, i anfodloni ar y rhan fwyaf o'r pethau a ddaw i 'n rhan.

Yr hiraeth hwn – pe gwyddant hynny neu beidio – sy'n gyrru pob llenor, artist, cerddor, pensaer... pob un ohonom fwy neu lai.

O stopio'n fan'na dyna yw seciwlariaeth.

Ond y llawnder dynol yw'r sylweddoliad drwy Ras mai Duw yw 'gwrthrych' ein hiraeth.

Datguddiad yw hynny.

Ni allaf fi fyth ei wybod.

Eglwys Gwyndaf Hen oedd man y datguddiad.

Hurt yw dweud nad yw adeiladau crefyddol yn bwysig. Mae pobl yn iawn i brotestio yn erbyn cau eu heglwysi a'u capeli. Oherwydd gwyddant rhywbeth dwfn am fannau datguddiad. A lleoliad Cymun y Saint.

Er fod y crefyddol yn ein gwlad yn syrthio'n dipiau, mae un peth i weld yn ffynnu: pererindodau. Y mynd yna o seintwar i seintwar. Ar hyd llwybrau y medrir ymddiried ynddynt. Agor drws Eglwys Clynnog a cherdded i mewn i Gymun y Saint. Croesi'r Swnt i Enlli ac yno drochi yng Nghymun y Saint. Gŵyr pobl – crefyddol neu beidio – lawer mwy nag a feddyliant. Yr hiraeth dwyfol yw hynny.

Ymgnawdoliad yw'r cwbl.

Nid crefydd pen a syniadau. Y math o athronyddu sy'n holi a yw Duw yn 'bod'. A'r ateb anffyddiol – pen ac athroniaeth eto – 'Nac dio ddim!'

Y mae ymgnawdoliad yn golygu brics a cherrig a mortar, lleoedd a mannau, llwybrau… ac iaith.

Ac iaith yw un o'r 'pethau' sylfaenol a gefais yn yr eglwys hon.

Iaith siarad am Dduw.

Enw arall am 'iaith siarad am Dduw' yw 'diwinyddiaeth'.

Er nad wyf yn ddiwinydd.

Ar sawl ystyr 'hanfod' diwinyddiaeth yw sut i ymarfer iaith a'i gramadeg am Dduw sydd y tu hwnt i iaith a'i gramadeg ond eto yn ynganadwy.

Y 'dasg' anodd o 'enwi' y Di-enw.

Ac enwi yw'r peth nid disgrifio.

Cwestiwn Moses yw'r cwestiwn diwinyddol sylfaenol: Beth yw ei enw ef?

Nid cwestiwn o 'fodolaeth' Duw ond cywirdeb ei enwi.

Ar y cyfan anffyddydd sydd â 'diddordeb' ym 'modolaeth' Duw?

Ar y cyfan eto, cwestiynau mwy 'dirfodol' – mwy poenus – sy'n mynd â bryd 'credinydd': ble mae Duw?, pam fod hyn wedi digwydd? ac ati. Cwestiynau Job nid cwestiynau Richard Dawkins. Oherwydd fod ym meddiant Job – fel ym meddiant y credinydd, mwy neu lai – brofiad sylfaenol o Dduw sydd – mwy neu lai eto – mor ddilys na eill fawr o ddim ei ddisodli'n llwyr er cryfed ar brydiau yr 'amheuon'. Profiad sy'n amlwg wrth ddarllen gwaith Dawkins *et al* na chawsant erioed. Pan fo Job yn cwestiynu Duw y mae daeargryn yn ei galon. Nid wyf yn credu bod Dawkins a'i griw yn y diwedd yn malio botwm corn.

Profiad o Dduw yw 'hanfod' y crefyddol.

Hen arferiad gennyf yn fy arddegau cynnar oedd dwyn goriad Eglwys Sant Gwyndaf a sleifio i mewn fy hun bach. Yno ger yr allor – y fan yn yr eglwys nad oedd gan neb 'hawl' i fynd iddo ond yr offeiriad – y daeth i mi un waith, wedi penlinio'n slei bach, un dydd, yr ymwybyddiaeth o rywun o'm plaid – o ffeindrwydd mawr – ac nad oedd raid i mi ofni dim fyth eto.

Er i mi grwydro ymhell oddi wrth y profiad yna a'i 'anghofio', ynof yr oedd… ac y mae.

Nis gadawodd fi erioed.

YDWYF YR HWN YDWYF, oedd yr ateb i gwestiwn Moses – tawtoleg enigmatig ar sawl ystyr; geiriau wedi eu hystumio.

Yr wyf fi wedi ei 'ddeall' fel Y Dibynadwy.

Neu y ffeindrwydd parhaol.

A dyna gynnig geiriau gwahanol am y 'cyfarfyddiad' â Duw.

Ar sawl 'ystyr' ymrafael â iaith yw ffydd.

Nid yw Duw yn absennol. Er i mi fwy na chwarae hefo'r syniad yma, erbyn hyn ni welaf fawr o wahaniaeth rhwng hynny ac anffyddiaeth. Ac os oes ystyr i 'absenoldeb' – ac mae! – mater ieithyddol ydyw.

Amhosibilrwydd canfod y gair 'iawn', a'r geiriau 'cywir', *a'r* dyfalbarhau i chwilio amdanynt. Ac i ddefnyddio geiriau y gwyddom yn iawn na fyddent fyth yn cyrraedd eu nod. Fel pont ar ei hanner. A phetaent yna nid Duw a fyddai yn eu meddiant ond eilun. Amrywiaeth ar: 'Try again. Fail again. Fail better.' – yr anffyddiwr Samuel Beckett yn *Worstward Ho* yw ein holl 'siarad' am Dduw.

Un sy'n ymgodymu â iaith ac â geiriau a fûm erioed... ac ydwyf o hyd.

Wrth wthio Meuryn Reit Rownd deuaf yn fwyfwy ymwybodol o hynny.

Bron â chyrraedd Gwylfa ar y daith aml edrychaf o hyd bellach i gyfeiriad y bryniau.

Yn y topiau yn Rhosgadfan mae Cae'r Gors a Kate Roberts. Cofiaf – flwyddyn gyntaf yn y Chweched yn Ysgol Dyffryn Nantlle oeddwn i? – agoriad Cae'r Gors. Gwrando y tu allan i'r capel drwy lowdsbicyrs ar Derec Llwyd Morgan yn sôn y tu mewn am Docdor Kate. Ac ymadrodd ddefnyddiodd o – bara crasu am dost – wedi glynu ynof hyd y dydd heddiw. Wedyn mynd lawr y lôn i'r Cae'r Gors ddi-do ar gyfer yr agoriad swyddogol a gweld y Dr Kate fechan mewn côt – dwi'n siŵr mod i'n iawn – brethyn Cymreig. Welsh tapestri fel y galwai pawb bryd hynny y defnydd patrymog a hyll braidd hwnnw. Roedd gan Mam handbag ohono, a wnâi i mi ddechrau crafu bob tro y gwelwn ef.

Dr Kate a ddaeth y dylanwad pennaf arnaf o safbwynt ysgrifennu Cymraeg. *Rhigolau Bywyd* yn gwmpeini parhaol.

Wedyn mae Rhostryfan a mangre Richard Hughes Williams – Dic Tryfan. A'i storïau oedd yn rhagflaenu rhai Dr Kate.

Islaw yn Rhos-Isa' mae Ty'n y Ffrwd, cartref Owen Wyn Jones, a adwaenir yn well drwy ei enw barddol – Glasynys.

Flynyddoedd yn ôl trodd fy nhad ddalennau y cofrestr gwasanaethau yn Eglwys Sant Gwyndaf er mwyn dangos i mi lawysgrifen fain, gymen Glasynys ymhle yr oedd o wedi torri ei enw wrth ochr cofnod o'r Gosber. Y llawysgrifen rhywsut wedi magu cryfder crair yn fy nghof.

Y Glasynys y deuthum i'w adnabod drwy'r gyfrol *Straeon Glasynys* a olygwyd gan Saunders Lewis.

Glasynys, un o selogion Mudiad Rhydychen – y mudiad Catholig y tu mewn i Eglwys Loegr ei gyfnod a arweiniwyd gan John Henry Newman, John Keble ac Edward Pusey a'r Cymro Isaac Williams.

Glasynys y clerigwr a oedd yn y diwedd yng ngeiriau Saunders Lewis yn 'meddwi weithiau'.

(Gwaith 'ymchwil' i rywun: dylanwad y ddiod ar offeiriaid Cymraeg – a pham?: Ieuan Brydydd Hir, Goronwy Owen, Glasynys. Minnau... Etsetra, wrth gwrs!)

Wedyn dilynaf amlinell y bryniau am i lawr i'r dde, ac er nas gwelaf o fan hyn i gyfeiriad pentref Y Groeslon ac Angorfa, cartref John Gwilym Jones, a ddaeth i ddysgu Saesneg i mi yn fy mlwyddyn olaf yn y Chweched yn Dyffryn Nantlle.

John Gwil y byddwn yn cael mynd ato am de yn achlysurol ar bnawniau Sul i Angorfa, fo'n dwad i fy nôl i yn ei gar a dreifio'n ôl i'r Groeslon yn thyrd gêr – roedd wedi cael damwain car anghynnes yn y 'Merica ychydig ynghynt. Eistedd hefo fo'n agos yn y parlwr a fynta'n dangos i mi sut oedd o'n medru gneud croesair cryptig y Times mewn chwinciad... hefo ffownten pen ar bapur niwsprunt!

Y te'n cael ei arlwyo gan wraig o'r pentref.

Wedyn mynd â fi adra. Thyrd gêr eto.

Nhw yw'r dylanwadau llenyddol arnaf: Dr Kate, Dic Tryfan, Glasynys, John Gwil. Peidied neb â chwilio'n unman arall. (O leiaf yn fy rhyddiaith. Mae fy marddoniaeth yn wahanol.)

Hefo nhw yr ydwi'n cydgerdded o hyd.

Mi rydan ni o fewn tafliad carreg i'n gilydd ym mhob ystyr.

Ond yn sylfaen i'r cwbl y mae'r iaith a dderbyniais o Sul i Sul yn Eglwys Sant Gwyndaf Hen.

Iaith Beibl William Morgan.

Iaith Llyfr Gweddi Gyffredin William Salesbury.

Dyfynnaf o'r gwahoddiad i'r gyffes ar ddechrau'r 'Prydnhawnol Weddi' o'r Llyfr Gweddi:

'Fy Annwyl gariadus frodyr (*sic.*), y mae'r Ysgrythyr Lân yn ein cynhyrfu, mewn amrywiol fannau, i gydnabod ac i gyffesu ein haml bechodau a'n hanwiredd; ac na wnelem na'u cuddio na'u celu yngwŷdd yr Holl-alluog Dduw ein Tad nefol; eithr eu cyffesu â gostyngedig, isel, edifarus, ac ufudd galon; er mwyn caffael o honom faddeuant am danynt trwy ei anfeidrol ddaioni a'i drugaredd ef. Ac er y dylem ni bob amser addef yn ostyngedig ein pechodau ger bron Duw; etto ni a ddylem yn bennaf wneuthur hynny, pan ymgynhullom i gyd-gyfarfod, i dalu diolch am yr aml ddaioni a dderbyniasom ar ei law ef, i ddatgan ei haeddediccaf foliant, i wrando ei sancteiddiaf Air ef, ac i erchi y cyfryw bethau ag a fyddo cymmwys ac angenrheidiol, yn gystal ar les y corph a'r enaid. O herwydd paham myfi a erfyniaf ac a attolygaf i chwi, cynnifer ag y sydd yma yn bresennol, gyd-dynnu â myfi â chalon bur, ac â lleferydd ostyngedig, hyd yngorseddfa'r nefol rad, gan ddywedyd ar fy ôl i...'

(Nid wyf wedi diweddaru'r orgraff, na cheisio newid y 'brodyr'.)

Darn i'w ddarllen yn gyhoeddus yw hwn, ac i'w glywed.

Yr hyn sydd bwysicaf amadano yw ei rythmau.

Y Llyfr Gweddi Gyffredin yw'r llyfr mwyaf rhythmig y gwn amdano.

Go brin fod yr hogyn bach wyth oed fel ag yr oeddwn yn 'deall' fawr ddim. Ond fe'm hudwyd gan y rhythmau. Y symudiadau geiriol i fyny ac i lawr rhwng 'cynhyrfu', 'cuddio', 'celu', 'cyffesu', 'caffael'. Yr hudol: 'isel, edifarus'.

Eu tonni. Eu hymchwydd. Y mydru.

Nid ar wastad y 'deall' y mae'r iaith yma'n 'gweithio' o gwbl ond mewn lle dwfn o is-emosiwn.

Y mae William Wordsworth yn hoff iawn o ddefnyddio'r gair 'under' mewn perthynas â geiriau eraill, megis 'underpresence'. A dyna'n union sy'n digwydd yma. Pethau'n digwydd o dan y geiriau drwy'r rhythmau, nid drwy ystyr ac ystyron ar yr wyneb. A'r rhythmau yn mynd â ni i erwau eang, dieithr. Tebyg i gerddoriaeth.

A dyna yn hollol yw craidd iaith sy'n cael ei defnyddio'n grefyddol.

Nid diben iaith crefydd yw peri 'deall' fel y cyfryw ond creu lle – mynd o'r ffordd – er mwyn i'r 'dwyfol' bresenoli. Ymdebyga i nyth er mwyn galluogi deor. Iaith sy'n datguddio ydyw, nid iaith sy'n cyfleu gwybodaeth fel ag a geir mewn llawlyfr. Nid llawlyfr mo'r Beibl fel y tybia llawer.

Un o'r diffiniadau gorau y gwn amdano o farddoniaeth yw hwn o eiddo Rowan Williams yn ei ragair i lyfryn o gerddi'r Chwaer Gillian Mary SSC – *Tides of the Spirit* – o gwfaint Tŷ Mawr ger Trefynwy:

'Poetry is a matter of 'angling' words so that there is a new light on and through them, so that what's seen or heard or felt suddenly looks different, becomes more than you realized.'

Galluogi nid 'deall' neu 'esboniad' ond dat-guddiad.

Duw yn dyfod i'r fei drwy'r iaith Gymraeg a phob iaith arall drwy 'ongli'r' geiriau yn wahanol. A'r 'ongli' hwnnw'n digwydd drwy adael i'r rhythmau fynd â ni i le dyfnach – 'underpresence' Wordsworth.

Brawddegau fel agor llenni.

Rhywle yn wyth oed ballu yn yr eglwys hon bu i mi amgyffred hynny. Fe'i rhoddwyd i mi.

Yr un modd gyda Beibl William Morgan. Beibl 1620, Dr John Davies, Mallwyd ydyw, wrth gwrs. Beibl y medrais brynu copi ohono hefo'r arian a gefais pan enillais goron Tyddewi. Un o drysorau tŷ ni.

Nid wyf o gwbl yn bwrw sen ar Y Beibl Cymraeg Newydd na Beibl.Net. 'Cywirach' a mwy 'cyfoes' na Beibl yr esgob fel y dywedir wrthyf.

Ond nid wyf yn dirnad iaith crefydd yn nhermau 'cywirach' neu 'cyfoes' neu 'dealladwy'.

Dylai rhywbeth yn iaith crefydd fod yn annealladwy.

'Os ydych yn ei ddeall, nid Duw ydyw' – Awstin Sant.

Ym myd y llythrennol, y sownd bait, byrder a byrhoedledd y cyfryngau cymdeithasol, y 'dewis eang' honedig a ffals ym myd yr archfarchnadoedd a ffurfiau eraill ar gyfalafiaeth, y mae hynny'n anodd iawn i'w dderbyn. Ac yn demtasiwn i droi y crefyddol yn ysgafnder dweud gan y crefyddol eu hunain, yn slogan a chyfres o sloganau. Iesu yn hen foi iawn. Duw yn fêt. Temtasiwn y mae'r eglwysi cyfoes wedi syrthio'n bendramwnwgl iddo yn eu hymgais i barhau'n 'berthnasol' – beth bynnag yw ystyr hynny – ac i dynnu'r 'tyrfaoedd' yn ôl – beth bynnag yw ystyr hynny hefyd.

Nid geirfa gyfoethog a chystrawen a gwychder Cymraeg – 'Ni ryglyddais y lleiaf o'th holl drugareddau di' yn un enghraifft fechan yn fy nghof wrth ysgrifennu hyn – yn unig a gefais o wrando – a gwrando ydoedd – ar gyfieithiad William Morgan o'r Beibl – clywed prydferthwch gair ymhell cyn gwybod ei ystyr – ond mynedfa i'r *mysterium tremendum*: y dirgelwch dychrynllyd.

A dyma fo – y dirgelwch ofnadwy hwnnw – yng nghyfieithiad William Morgan:

A'r Arglwydd a ddywedodd wrth Moses, Gwnaf hefyd y peth hyn a leferaist: oblegid ti a gefaist ffafr yn fy ngolwg, a mi a'th adwaen wrth dy enw.

Yntau a ddywedodd, Dangos i mi, atolwg, dy ogoniant.

Ac efe a ddywedodd, Gwnaf i'm holl ddaioni fyned heibio o flaen dy wyneb, a chyhoeddaf enw yr Arglwydd o'th flaen di: a mi a drugarhaf wrth yr hwn y cymerwyf drugaredd arno, ac a dosturiwyf wrth yr hwn y tosturiwyf.

Ac efe a ddywedodd, Ni elli weled fy wyneb: canys ni'm gwêl dyn, a byw.

Yr Arglwydd hefyd a ddywedodd, Wele fan yn fy ymyl, lle y cei sefyll ar graig.

A thra yr elo fy ngogoniant heibio, mi a'th osodaf o fewn agen yn y graig; a mi a'th orchuddiaf â'm llaw, nes i mi fyned heibio.

Yna tynnaf ymaith fy llaw, a'm tu cefn a gei di ei weled: ond ni welir fy wyneb.

Ecsodus 33:17–23

Mae'n debyg mai hwn yw'r darn o'r Ysgrythur yr wyf yn dychwelyd ato amlaf, ers pan glywais ef gyntaf yn yr eglwys hon.

Y dyfod drwyddo yn araf bach i'r ddirnadaeth fod 'gwybod' am Dduw yn amhosibl. A phe byddwn fyw am dragwyddoldeb yn 'chwilio amdano' ni ddeuwn o hyd i ddim, oherwydd ni byddwn yn 'gwybod' 'pwy' neu 'beth' y byddwn yn 'chwilio amdano'.

(Er fod gan y 'chwilio' hwn rhyw atyniad i niferoedd cyfoes – gwn yn iawn, oherwydd bûm yn 'chwilio' am flynyddoedd. Mae'n ffurf ar ysbrydolrwydd neilltuol, ôl-fodernaidd ddywedwn i. Fel yr honiad: y cwestiwn sy'n bwysig nid yr ateb. Rhywbeth arall y bûm yn tin-droi o'i gwmpas.)

Eto 'hwn' yw'r Duw sydd agosach ataf na'r 'fi' yn 'fi fy hun'.

Y 'cuddiedig' a'r 'dat-guddiedig' yn yr un fan.

Y mae rhyw hyder yng nghwestiwn Moses: 'Dangos i mi, atolwg, dy ogoniant'. Cystal â dweud, Wel! ti di 'dangos' dy hun yn y berth i mi, waeth i ti rŵan fynd yr holl ffordd ddim a rhannu dy ogoniant hefo fi.

Mae'n debyg mai 'hanfod' – a waeth i mi ddefnyddio'r gair yna ddim, er nad yw'n golygu fawr – Duw yw 'ystyr' gogoniant. 'Craidd' Duw. Dwyfoldeb y Dwyfol.

Ac yn llechu yn y gofyniad yna y mae *hubris* bodau dynol – eu balchder – y medrant wybod pob dim. A bod ganddynt *hawl* i wybod pob dim. Gwrthod y ffaith mai creaduriaid ydym. Mai meidrol ydym. A bod terfynau arnom. Terfynau gwybodaeth. Boed y wybodaeth yn wyddonol – tarddle'r cosmos; feddygol – fy ngalluogi i fyw am byth; economaidd – yn yr ystyr o 'dyfiant' di-ben-draw y mae gwleidyddion hyd syrffed yn sôn amdano, gan wybod decin i na ellir cael tyfiant parhaus. Amrywiaethau yw y rhain ar 'dangos i mi dy ogoniant'. A fersiynau, wrth gwrs, ar 'bren gwybodaeth da a drwg' yn stori Gardd Eden.

Gwybodaeth ddifaol yn y diwedd oherwydd ymwrthod â'n terfynau ydyw – ein meidroldeb, ein natur fel creaduriaid – a'n deisyfiad am yr annherfynol sydd yn unol â'r diffiniad ohonom tu hwnt i'n cyrraedd yn wastadol.

'Ni elli weled fy wyneb: canys ni'm gwêl dyn, a byw.'

A rhywbeth yn debyg i hyn yn cael ei fynegi gan y bardd Rilke yn y gyntaf o'i Elegien o Duino yng nghyfieithiad Cymraeg J. Henry Jones:

Pwy, pe gwaeddwn, a'm clywai o rengau'r angylion?

A chael hyd yn oed un yn fy nghymryd ar fyrder

I'w fynwes, diflannwn gan gymaint cryfach ei fodolaeth,

Canys nid yw prydferthwch ond dechrau yr arswyd

Na fedrwn ond prin ei oddef, a rhyfeddwn ni ato,

Am ei fod yn anystyriol o'n dinistrio ni. Arswydus pob angel.

Yr hyn a gawn yw'r hyn sy'n ymddangosiadol yn 'llai' – fy 'holl ddaioni'. Ond yn bennaf yr hyn y medrai Moses – ac felly ninnau – ddygymod ag o. A bod datguddiad bob tro yn gymesur â'r hyn y medrwn ei amgyffred.

Duw yn ei ymwneud â ni.

Datguddiad ei Ras.

Nid gwybodaeth ond perthynas.

Yn anthropomorffig y sonnir am Dduw yn y darn hwn o Ecsodus fel yn Yr Ysgrythurau achlân – sut y gellir arall? Duw mewn siap 'dynol'. Ond y mae'r cyfeiriadau at y rhannau o'i 'gorff' yn hyfryd ddadlennol.

A Moses fel ninnau ynghudd yn agen craig ein hanwybod, a'r 'gogoniant' yn mynd heibio, gorchuddir ein llygaid â'i 'law'. Nid yn unig pâr i ni 'weld' drwy ein dallu, ond ein 'gorchuddio' â meddalwch ei law – y cledr. (Meddalwch sy'n cyfateb i'r ffeindrwydd a ddaeth ataf ger yr allor yn Eglwys Sant Gwyndaf Hen.) Y darn o'r llaw sy'n drybola o nerfau sy'n galluogi'r sensitifrwydd mwyaf wrth gyffwrdd pethau a phobl. Nid rŵan yr wyneb – gwybodaeth – sy'n barhaol drech na ni ac felly'n farwolaeth i ni, ond meddalwch cledr llaw – y datguddiad – sy'n berthynas.

(Gweler llyfr a chyfieithiadau ardderchog Robert Alter: *The Five Books of Moses* am hyn oll.)

Yr un cledr a fydd yn y man yn derbyn hoelion.

Mae'r Croeshoeliad yn ymhlyg yn y digwyddiad hwn.

Y 'llaw' yn cael ei thynnu ymaith, a Moses fel ninnau yn gweld 'ei gefn' yn y 'pellter'.

Pan welais gyntaf erioed mewn arddangosfa a fy rhyfeddu ganddo, lun Lucian Freud o gefn Leigh Bowery (*Naked Man, Back View 1991–92*) am 'a'm tu cefn a gei di ei weled' y meddyliais. Ni wn o gwbl a fu i Iddewiaeth Lucian Freud chwarae unrhyw ran yn ei ddarluniad o gefn Leigh Bowery – pwy a ŵyr beth sy'n llechu yn isymwybod artistiaid, fel y byddai ei daid, Sigmund Freud, wedi dweud wrtho, efallai – ond dyma un o'r lluniau prydferthaf y gwn amdanynt. Enfawr ond tyner heb arlliw o gieidd-dra ei gyfoeswr Francis Bacon. Rhywsut, 'popeth' am Bowery yn ddatguddiedig yn ei gefn. Lliwiau'r cnawd. Y cysgodion hyd-ddo. Pantiau. Tolciau. Nid 'delfryd' o gnawd fel sawl cerflun Groegaidd ond cnawd go-iawn rhywun fel fi, ond eto wedi ei drawsffurfio gan gelfyddyd. Cnawd llond hafflau ein llygaid sy'n edrych mewn cyfaredd arno. Teimlwn drwy'r paent gryfder ei asgwrn cefn. Solatrwydd craig a meddalwch *cumulus*. Ymdeimlais â phrydferthwch. Teimlais yn y fan a'r lle fel Moses yn edrych ar gefn Duw yn mynd rhagddo. Deallais 'rhywbeth' yn y Tate am ymgnawdoliad. Yr oeddwn mewn datguddiad. Lleihaodd ynof, aeth bron i ddim, unrhyw awydd i 'wybod' unrhyw beth.

O glywed y darn hwn yn cael ei ddarllen yn yr eglwys hon dro ar ôl tro y deuthum i 'sylweddoli' yn araf bach fod Duw y tu hwnt a thu draw. Nad oes ffordd o wraig/ddyn at

Dduw. Dim ond ffordd o Dduw atom ni. Mewn geiriau eraill yr ydym yn gwbl ddibynnol ar 'ei' ddatguddiad ohono'i 'hun'. A'n hymgais ni wedyn i ddisgrifio'r datguddiad hwnnw. A'r ymgais yn ddi-ffael yn llai na'r datguddiad ei hun. Boed hynny mewn ysgrythur, drwy ffurfiau geiriol eraill, drwy baent, drwy gerddoriaeth. Nid wyf yn cynnwys 'distawrwydd' yn y rhestr hon o ymatebion i'r datguddiad. Mae rhywbeth am 'ddistawrwydd' sy'n peri i mi wingo. Nid yw Duw yn ei ddatguddiad yn 'ddistaw', mae'n gweithredu, mae'n llefaru. Un sy'n cyfarch ydyw yn wastadol. Felly, y mae ymateb i'r datguddiad yn mynd i olygu gweithredu a llefaru. Yn glogyrnaidd yn aml. Yn anaml mewn gwychder dweud a llun.  Mae rhyw fethiant ynghlwm wrth ddistawrwydd.

A rhag ofn i rywun sôn yng nghyd-destun distawrwydd am gyfriniaeth a'r cyfriniol gan rhywsut dybio mai tu hwnt i iaith yw 'hanfod' y cyfriniol ac felly Distawrwydd-D-fawr, meistri ar iaith yw pob un o'r cyfrinwyr/wragedd. Wele Morgan Llwyd yn y Gymraeg, Lladin Awstin, Sbaeneg Ioan y Groes, Saesneg Julian o Norwich, Almaeneg Meister Eckhart. Ysgrifenwyr/wragedd ydynt.  Ffurf arbennig ar ddefnyddio iaith yw cyfriniaeth. Ymateb neilltuol ac arbennig iawn – fy hoff ymateb, os gwir dweud – i'r datguddiad ydyw oherwydd ei bod yn dewis y llwybr negyddol i ymateb; ffordd 'nid-nad'. Wele lyfr rhagorol Denys Turner *The Darkness of God* am ddealltwriaeth lachar o'r cyfriniol.

A phob ymgais yn y diwedd nid i gyrraedd darlun 'cywir' o Dduw ond yng ngeiriau Brian Davies yn ei ragarweiniad i gyfrol ar *John Scottus Eriugena* (Great Medieval Thinkers, Oxford) '...reminding us what God *cannot* be.'

Yn crisialu hyn i gyd y mae'r darn hwn gan Awstin – awdur

anhepgorol i mi ers i mi gael fy nghyfareddu gan ei *Cyffesion* flynyddoedd lawer yn ôl – sydd i'w ganfod yn ei *De doctrina Christiana:*

Have I spoken something, have I uttered something, worthy of God? No, I feel that all I have done is to wish to speak; if I did say something, it is not what I wanted to say. How do I know this? Simply because God is unspeakable. But what I have spoken would not have been spoken if it were unspeakable. For this reason God should not even be called unspeakable, because even when this word is spoken, something is spoken. There is a kind of conflict between words here: if what cannot be spoken is unspeakable, then it is not unspeakable, because it can actually be said to be unspeakable. It is better to evade this verbal conflict silently than to quell it disputatiously. Yet although nothing can be spoken of God, he has sanctioned the homage of the human voice, and chosen that we should derive pleasure from our words in praise of him. Hence the fact that he is called God: he himself is not truly known by the sound of these two syllables, yet when the sound strikes the ear it leads all users of the Latin language to think of a supremely excellent and immortal being.

(Cyfieithiad Saesneg gan R.P.H. Green *On Christian Teaching*, Oxford World's Classics.

Defnyddiaf gyfieithiadau Saesneg o weithiau mewn ieithoedd eraill gan na allaf gyfieithu o'r gwreiddiol. Nid wyf erioed wedi ffafrio cyfieithiad o gyfieithiad. Ymddiheuriadau os bydd hyn yn ffyrnigo ambell un. Arwydd o fy nghyfyngiadau ydyw.)

Pleser Awstin yn ein geiriau crefyddol i beri moliant a

ddarganfyddais yn Eglwys Gwyndaf Hen.

O ymlafnio fel hyn â geiriau i sôn am ddatguddiad Duw, y mae'r cosmos yn sydyn yn gyfoethocach, cymhlethach, dyfnach nag y byddai heb y 'broblem' o Dduw. 'Problem', meddaf. Wrth gwrs! Mae Duw yn achosi problemau a chwestiynau dyrys ynghyd â gwefrau a gogoniannau nad oes ac na fydd fyth eu tebyg. Oherwydd beth yw'r 'dewisiadau' amgen?

Anffyddiaeth yw un. Ac y mae rhan ohonof sydd yn anffyddiwr rhonc. Rhywbeth yr wyf wedi ymlafnio ag o ar hyd y blynyddoedd. *Anghrediniaeth gad fi'n llonydd* yw fy arwyddair. Yr wyf wedi dweud sawl tro mai pen anffyddiol sydd gennyf ond calon grediniol. Dyna fy neuoliaeth. Fy hollt. Crediniol yw fy marddoniaeth, gyda llaw, 'anffyddiol' ar y cyfan fy rhyddiaith. Ond gwn ar yr un pryd heb Dduw fod bywyd yn llai a ninnau fel bodau dynol yn crebachu'n ddyddiol. Ni all yr un 'hiwmanydd' yn ei phwyslais ar ddyneiddiaeth fyth 'greu' unrhyw beth cystal â delw Duw ynom. Y mae ffydd yn anodd, yn gymhleth, yn gwylltio gymaint ag y mae'n dyrchafu. A bai mawr anffyddiaeth, ddywedwn i yw cael gwared ar y cwestiynau anodd a chymhleth a symleiddio pethau yn y bôn. (Dweud y gwir yn onest, y mae llawer o'r discwrs crefyddol cyfoes yn gwneud yr un peth.) A gofiwch sylw – dilys a da, ac angenrheidiol i'w ofyn – yr actor a'r anffyddiwr Stephen Fry a ddywedodd pan holwyd ef beth a ddywedai wrth Dduw petai'n dyfod wyneb yn wyneb ag o: 'Bone cancer in children: what's that about? How dare you?...' Y *mae'r* cwestiwn yn ddilys, ond peidiwn ni sy'n coleddu'r crefyddol â chael ein distewi ganddo, nac ychwaith ymateb yn ôl yn ymosodol nad yw'n ddim ond yr amddiffynnol. Oherwydd nid yw'r safbwynt anffyddiol yn cynnig dim. Erys y cancr yn ei gieidd-dra. Erys y cwestiynau mawrion yn eu cyni. A phen draw hynny yn y bôn yw 'gweledigaeth' o fydysawd brwnt a hollol ddiystyr. Teimlaf innau ing yr un cwestiwn. Ond gwell gennyf ei holi tu mewn i'r hyn yr wyf wedi ei brofi o Ras, ac yng nghysgod y Groes hanesyddol ar Galfaria sydd hefyd yn gosmig, mewn amser ac yn dragwyddol, yn hytrach na mudandod yr eangderau diwrando, didostur, oer.

Hoffaf yn enfawr ddiffiniad Andrew Shanks o grefydd yn ei lyfr *Against Innocence*, yr wyf eisioes wedi cyfeirio ato – fel 'an offer of intensified conversation'. Wrth gau lawr ein cwestiynau dyrys, ingol mewn anffyddiaeth neu/a dogmatiaeth grefyddol cawn wared ar yr un pryd â'r 'intensified conversation' angenrheidiol a phoenus. Y mae rhywbeth am anffyddiaeth a dogmatiaeth grefyddol fel ei gilydd sydd yn llwyr amddifad o chwilfrydedd gan esgor ar ddirnadaeth unffurf sobor o'r byd – *bland*, i ddefnyddio gair Saesneg. Y mae ymgodymu â chredu yn llawer, llawer cyfoethocach.

Dewis arall yw agweddau ar Gyfalafiaeth. Yn bennaf prynwriaeth (consumerism). Ar y cyfan rhyw unigolyddiaeth fflat yw hwn sy'n ceisio gwerth – a 'gwerth' yw'r gair oherwydd cofier mai 'diffiniad' cyfalaf o fod dynol yw un sy'n creu elw i ychydig bach – yn yr hyn a rydd ein technoleg i ni, a byd prynu a gwerthu, a diddanu – amrywiaeth ar 'fara a syrcas' y Rhufeiniaid gynt. Byd careij trên lle mae pawb ar eu ffonau symudol. A oes llun tristach?

Dychwelaf am funud at Awstin.

Gwrthwynebodd Awstin ddwy garfan. Y naill, y Donatiaid.

Y llall, y Pelagiaid. Y ddwy garfan ddim mor bell â hynny oddi wrth ei gilydd; ar y cyfan, medrir dweud, yn ymwneud â phurdeb buchedd a moes. Y Donatiaid yn mynnu eglwys 'bur'. (Mae amrywiaeth gyfoes ar hyn ymysg y rhai sy'n ceisio eglwys 'bur' ei chredo.) Y Pelagiaid yn honni y medraf fi fod â rhan yn fy ngwaredigaeth drwy fy ngweithredoedd moesol – fod cadw'r Deg Gorchymyn yn hollol bosibl i mi. 'Piwritan' a moesolydd digyfaddawd oedd Pelagius – y byddai byw yn ei 'eglwys', fel un y Donatiaid, clwb o foesegwyr, yn hollol annioddefol – y mae gan nifer cyfoes gydymdeimlad â'i ddaliadau. Tybed fod a wnelo hynny rhywfaint â rhyw sentiment mai 'Cymro' ydoedd, ac mai ei enw 'iawn' oedd Morgan – neu, unrhyw un ond Awstin? Gwelodd y realydd Awstin drwy hyn oll. Fel y medrwn ninnau ond i ni edrych i'n calonnau – byddai un edrychiad bach yn ddigon. Pan edrychaf fi ar fy nhirwedd 'mewnol' yr hyn a welaf yw amrywiaethau ar fwnglera moesol. A bod hyn rhywsut wedi ei wreiddio ynof ac ynom o genhedlaeth i genhedlaeth. Rhyw etifeddiaeth o fwnglera, y mae y rhai sy'n credu mewn cynnydd yn ei anwybyddu'n llwyr. Nid oes ynof unrhyw ddiniweidrwydd, er teimlo'n gyson yr awydd ynof i gyhoeddi fy hun yn ddiniwed. Trio hyd ddydd Sul pys, ni allaf godi o rhyw gwymp a chwympo parhaus a pharhaol ynof. Yr wyf yn drybola o amwysedd moesol. Er meddwl bod sawl 'cymhelliad' ynof yn rhagorol, o edrych yn fanylach dyna'r union beth nad ydyw: rhagorol. Ni allwn ddadwneud ar ein pennau ein hunain y bwnglera creiddiol hwn mwy na eill cath fach droi anarchiaeth ei phellen wlân yn bellen gyfan-gymen drachefn. Ymateb drwy drugaredd a maddeuant a wna Awstin i hyn oll. Mae'n oddefgar gan hawlio eglwys oddefgar. Gwahanol iawn i Pelagius a'i chwip foesol – Savonarola yr Hen Fyd. Rhyw Mary Whitehouse – cofio honno? O! Awstin fy arwr.

Am gyfnodau lawer bûm yn coleddu yr hyn sy'n gynwysiedig yn yr ymadrodd: 'Yr wyf yn ysbrydol ond nid yn grefyddol.' Ei goleddu sylweddolaf erbyn hyn yn gwbl ddifeddwl. Oherwydd ei fod yn ceisio mynegi rhywbeth sydd o bwysigrwydd i niferoedd o bobl. Ond yn lle ceisio dirnad hefo'n gilydd beth oedd yn bwysig coleddais y slogan a'i ailadrodd fel rhyw dili-do. Y 'crefyddol' wrth reswm yw'r eglwys a'i chulni tybiedig – diffiniad go gul o'r 'crefyddol' rhaid addef – ond teimlir tynfa'r 'ysbrydol'. A'r 'ysbrydol' yna yw'r anhawster. Beth ydyw? Er swnio'n dda ac yn glir, aneglur ydyw. Rhywbeth tebyg, efallai, i'r hyn a deimlodd Wordsworth uwchben Abaty Tyndyrn:

And I have felt
A presence that disturbs me with the joy
Of elevated thoughts; a sense sublime
Of something far more deeply interfused
Whose dwelling is the light of setting suns,
And the blue sky, and in the mind of man...

Ond a ellir gwahanu'r 'ysbrydol' hwn oddi wrth y 'crefyddol'?

Beth a fyddwn petawn heb fy magu'n eglwyswr yn Eglwys Sant Gwyndaf Hen, Llanwnda? Heb fy nhrwytho yn iaith Beibl William Morgan a Llyfr Gweddi Gyffredin, William Salesbury? Heb y Cymun Bendigaid misol? Heb emynau Williams ac Ann Griffiths a Nicander? Heb Ŵyl y Diolchgarwch a'r allor yn llawn grawnwin y byddwn yn eu bwyta ar y slei, yr afalau, a'r tomatos, a'r dorth o fara oedd wedi llwydo erbyn y diwedd? Heb y bobl yn y seddau celyd yr oedd eu ffydd fel hen ffedog yn llawn budreddi byw a thyllau rhyw benbleth?

Y ddadl bellach yw nad yw enwadaeth yn bwysig. Wel... ydy mae o. Mewn geiriau eraill y mae'r crefyddol yn hanfodol. Y crefyddol yn y diwedd sy'n diffinio a rhoi siâp i'r ysbrydol a fyddai hebddo yn ddim mwy na syllu ar y machlud. Hyfryd yw syllu ar y machlud... ond am ba hyd? Rhyw bleserau di-ddrwg di-dda yn y diwedd yw llawer peth sy'n mynd wrth yr enw 'ysbrydol', heb yr ymgodymu enaid a chalon ac ymennydd y mae Cristnogaeth yn ein harwain yn ddi-feth iddo. Ar y cyfan melfedaidd yw'r ysbrydol, gwely o ddrain yn aml yw'r crefyddol.

Hyn, gyda llaw, gan un nad oes ganddo bellach nemor ddim cysylltiad â'r eglwys, ac sydd yn ymdebygu i ddisgrifiad y bardd Americanaidd Richard Wilbur o fardd Americanaidd arall, Emily Dickinson: 'She became an unsteady congregation of one.'

Ond sut y deuthum i'r lle hwn?

(Yr oeddwn eisioes wedi dechrau amau amheuaeth. Yr oedd, gwyddwn, rhywbeth ynof oedd wedi 'laru. Mynegiant o'r hiraeth dwyfol, y 'laru hwn, feiddiaf fi ei ddweud?)

Sut y deuthum, mewn geiriau eraill, Reit Rownd?

Un gair: cansar.

Yr wyf mewn man arall – cyfres o storïau byrion iawn dan y teitl 'Chwefror 11eg' yn y gyfrol *Raffl a Storïau Eraill* – wedi sôn drwy bersona cymeriad o'r enw Tricsi Bevan am yr adweithiau i dderbyn newyddion am gansar. Cansar yn yr aren yn fy achos i.

Yma myfyrio arno'n 'ddiwinyddol', neu o leiaf, yn grefyddol, a wnaf.

Yn gyntaf peth, fi yw'r cancr.

Yn ei lyfr ardderchog, anhepgorol, ond digon anodd rhaid addef i unrhyw un sy'n dioddef o gancr, *The Emperor of All Maladies – A Biography of Cancer* – llyfr a argymhellwyd i mi ei ddarllen gan fy mab, Marc, sy'n ymchwilydd cancr yn Memorial Sloan Kettering, Efrog Newydd – dywed yr awdur, Siddhartha Mukherjee hyn:

Cancer cells can grow faster, adapt better. They are more perfect versions of ourselves.

Ac mewn man arall, dywed mai cancr yw:...a disturbed version of our normal selves.

Fi yw'r cansar.

Clywir yn aml – ac nid wyf am eiliad yn difrïo hyn – fod rhywun yn brwydro cansar.

Y 'brwydro' yw'r anhawster, fodd bynnag.

Yr hyn a ddywedir mewn gwirionedd yw fod y peth yma o'r enw Cansar – C-fawr tro 'ma – wedi dyfod o rywle y tu allan i mi gan ymosod – oherwydd fy ngelyn ydyw – arnaf fi, a oedd ynghynt yn berffaith. Mae rhyw ymsynied o berffeithrwydd ynghlwm wrth y 'brwydro' hwn. Dyna'r oblygiadau sydd yn y defnydd o 'brwydro', ac nad yw o ddim help i neb. Y mae llawer ohonom yn 'colli'r' frwydr hon. Oherwydd na fu i ni 'frwydro' yn ddigon caled ac i ni adael pethau nes oedd hi'n rhy hwyr? Oherwydd fod ein Côd Post yn golygu nad oedd y gwasanaethau oncoleg cystal ag y dylai fod? Wrth gwrs fod gwirionedd yn y pethau hyn i gyd. Ond nid yw iaith brwydr a rhyfel o unrhyw werth.

Fy nghreadurusrwydd yw cancr.

Y mae ei botensial ynof o'r cychwyn cyntaf un. Un gell normal – normal yn yr ystyr ei bod yn bihafio fel ag y dylai ymhlith cymuned y celloedd eraill – un funud ac am resymau cymhleth yn dewis cambihafio gan ddodwy ei hun dros amser yn araf neu'n gyflym yn diwmor difaol. Afiechyd hen oed ydyw fel arfer, a dyna pam mae'n ddychryn pur pan amlyga ei hun yn yr ifanc. Ond hen neu beidio, fi ydyw trwy'r adeg, nid gelyn allanol a ddewisodd ymosod arnaf.

Fi arall.

Y mae llawer o'n crefydda yn ymgais i ymwrthod â'n creadurusrwydd, i'w orchuddio â rhyw ffalsder i wneud i ni deimlo'n well. Yn wir, ei wadu'n llwyr. Mynd ar ôl rhyw 'enaid' ar wahân i'r corff 'salw'. Opiwm y bobl, yn wir. A rhith ydyw. Man cychwyn pob crefydd yw ein creadurusrwydd a'i oblygiadau.

Ond y mae rhywbeth arall yn llechu tu ôl i'r 'brwydro' hwn. Y syniad o 'hunan' sefydlog, parhaol.

Fel y gŵyr ambell un treuliais beth amser yn y byd Bwdaidd wedi i mi adael offeiriadaeth yr eglwys. Mwy o gonfalesans na dim byd wedi 'salwch' bod yn rhan o sefydliad. Ond yr oedd mwy hefyd. Er na allwn fyth droi'n Fwdydd – yn bennaf am fod Cristnogaeth yn llawer rhy ddwfn ynof, a chollais y personol twym sydd yn rhan hanfodol o'n ffydd i'w gymharu â'r amhersonol ac oeraidd braidd, gnosticaidd hefyd, a deimlais mewn Bwdaeth – yr wyf wedi dal fy ngafael ar yr hyn a elwir yn *anattā,* sef nad-hunan: y syth-weledolad llachar – a hynny ydyw – na ellir canfod yn unman hunan parhaol, ond 'hunan' sydd wastad yn gyfnewidiol, a chwbl amhosibl i'w ddal – *elusive* yn y Saesneg. Nid oes modd tynnu 'fi' allan o unrhyw frawddeg sy'n ei gynnwys gan ddisgwyl wedyn ei weld fel endid annibynnol ac ar wahân i'w ystyr yn y frawddeg honno. Nid *dim*-hunan, sylwer fel y tybia llawer, ond *nad*-hunan. Nad hyn, nad y llall, nad arall. Syniad ddywedwn i sydd yn anodd drybeilig i rywun o'r byd Gorllewinol ei dderbyn – byd cwbl egotistaidd. Gwychder y Gymraeg yn dal hynny, y Fi-Fawr. Wrth gwrs fod yna FI, haerir – fe'i gwelaf yn y drych! Hyd nes y daw rhywbeth fel cansar i droi'r drol. Felly 'brwydro' amdani i warchod y FI parhaol hwn y mae'r ewach bach yma a ddaeth o 'nunlle' wedi meiddio 'ymosod' arno.

Nid yw hyn led cae oddi wrth y syniad o greadurusrwydd. Ac y mae creadurusrwydd yn ddibynnol ac amodol – *contingent* y Saesneg. Y mae i mi derfynau, dechrau a diwedd; yr wyf yn hollol ddibynnol ar eraill, yn anghyflawn hebddynt. Ac yn gwbl, hollol yn chwalu heb fy niwallu a fy nghyflawni yn Nuw er meddwl fy mod yn gyflawn fel ag yr ydwyf, diolch yn fawr.

Mewn geiriau eraill, meidrol wyf.

Ac ar sawl ystyr dyna darddle pechod: ymwrthod â fy meidroldeb a chau'r gagendor enfawr rhwng y Crëwr a'r creedig, ac 'y byddwch megis duwiau'. Balchder yw sail hynny yn y diwedd.

Nid oes dim ynof yn barhaol, dyfod i fod parhaus wyf fi – ac nid yw'r dyfod i fod hwn o angenrheidrwydd yn mynd i olygu pethau da, fel petai'n ystol i rhyw 'wychder'; fe eill y dyfod i fod yna weithiau – yn wir, yn aml – fynd o chwith, gan roi i mi 'fi' nad wyf ei eisiau rhyw lawer, nac wedi ei ddisgwyl.

Haws dweud na gwneud, wrth gwrs, a fy nwylo'n crynu wrth agor yr amlen a Bwrdd Iechyd Betsi Cadwaladr ar ei blaen, a fy ngofyn parhaus wrth deulu a ffrindiau yr wythnosau cyn y sgan nesaf: Fyddai'n iawn bydda?

Serch hynny, hyn oll mi gredaf yw'r peth.

Ac felly rhoddodd cansar i mi y wybodaeth nad wyf fi'n sbeshal o gwbl, a finnau drwy fy oes wedi meddwl hynny. Siâp ar *wir* ostyngeiddrwydd yw cansar.

Ac – a hyn sydd allweddol – mai dim ond yn Nuw y daw fy mywyd i lawnder a dilysrwydd. Nid ynof fi fy hun.

Mae tueddiad – anffodus, mi gredaf bellach, er fy mod i fy hun wedi ei ddefnyddio sawl tro yn fy ngweinidogaeth flaenorol – i honni fod 'Duw yn y cansar', neu mewn cyswllt arall 'yn y tlodi'. Sut felly? A beth mae hynny yn ei olygu mewn gwirionedd? Ac fel sawl 'dywediad' crefyddol arall y mae'n swnio'n dda ond yn wag o ystyr. Ni all fod yn wir. Dileu y gagendor rhwng y Crëwr a'r greadigaeth yw hyn. Ar un wedd ffurf ar bantheistiaeth yw, nid Gras.

Gras yw fod y Di-enw a'r Anesboniadwy yn datguddio ei hun mewn agosatrwydd twym a ffeind, cansar neu beidio. Y mae o fy mhlaid ac wedi bod erioed. A mod i nid 'yn gweddïo i gael gwared ar y cansar', neu wared ar unrhyw beth arall – tyn ymaith y gwpan – ond 'bydded Dy ewyllys'. Ac nid yr un peth o gwbl yw ewyllys Duw a fy ewyllys i. Beth bynnag yw ei ewyllys gwn nad oes ynof ddilysrwydd na gonestrwydd hyd nes y gwneler Dy ewyllys o'm mewn. Cansar neu beidio.

Diolch i Ti, O Arglwydd am y diwrnod bendigedig yma, a chyfle o'r newydd i'th foliannu Di, i'th garu Di, i'th adnabod Di, i fod yn blentyn gras; a boed felly.

Efallai fod hyn i gyd yn cael ei grisialu'n llawer gwell gan eiriau allweddol mewn cofiant lled newydd i Karl Barth – *Karl Barth: A Life in Conflict* – gan y diwinydd Christiane Tietz, yn y cyfieithiad o'r Almaeneg i'r Saesneg gan Victoria J. Barnett:

> Despite the majority's return to liberal theology, a range of German-speaking theologians continue to find Karl Barth's theological approach seminal. The author of this biography is one of them. They remain firmly convinced that theology is not primarily concerned with the human cultural performance of religion, but with God. God for them is not the concept for a certain human reference to transcendence but rather God and humankind are fundamentally distinct, and only God can bridge the distance to humanity...Expressing God as wholly other is the critical corrective for human self-understanding and human understanding of this world. Ultimately Barth's theology is a continuation of the Reformers' insight that human beings do not get beyond themselves by themselves. Human beings live from God as the One who faces them, the great You who unconditionally affirms the human being. Held by this You, the human being is free.

Yn od iawn – os od hefyd – mae'r byrddau wedi troi a'r gwir 'radicaliaeth' bellach yw'r crefyddol ac nid y seciwlariaeth fas ar sawl ystyr sy'n mynd law yn llaw â chyfalafiaeth beryglus a didostur sy'n diffinio pobl yn nhermau elw a diddanu-er-mwyn-anghofio. Nid oes y tu mewn i seciwlariaeth lais proffwydol yn erbyn hyn. Rhaid troi at y crefyddol i ganfod y llais hwnnw. Beth sydd orau: ein diffinio fel rhai sy'n creu elw, ynteu ein dirnad yn nhermau delw Duw?

Ac mi gredaf fi fod y troi byrddau hyn wedi digwydd *oherwydd* ein bod yn llawer llai, bron ar ddiflannu, heb rym o fath yn y byd. Neb fawr yn gwrando arnom. Yn ffyliaid i lawer. Na foed i ni fyth 'dyfu' eto. Na foed i ni fyth eto ennill grym. Byw Gras yn hytrach na rhoi rhyw nód eglwysig a nawddoglyd i'w gyfeiriad a mynd rhagom yn ein rhwysg fel y bu.

Digon i ti yw fy ngras i. Canys fy nerth i a berffeithia mewn gwendid.

A wyf fi felly wedi dychwelyd i uniongrededd?

Efallai... os mai hyn yw ystyr 'uniongrededd' – rhywbeth a ddirnadais drwy gymorth mawr Rowan Williams: nid arwyddo fy enw ar waelod Deugain Erthygl Namyn Un Eglwys Loegr, neu Gyffes Genefa, ond y gallu mewn meddwl a chalon i ddal ynghyd ddeubeth sy'n ymddangosiadol anghymharus a chroes i reswm ar un wedd, megis Duw-Ddyn, Tri-yn-Un, heb syrthio i'r demtasiwn o geisio gwneud pethau'n haws drwy ddewis un ar draul y llall, sef gwir ystyr heresi. Gorbwysleisio un ochr i'r baradocs ar draul y llall yw heresi. (Er fod heresi a heretic yn ddiweddar wedi cael eu camddefnyddio i ddisgrifio rhywun sy'n gwrthwynebu y sefydliad eglwysig. Proffwyd a phroffwydol ddylai'r geiriau fod, mae'n debyg.) Cydbwysedd (equilibrium) yw uniongrededd.

Athrawiaeth sydd wedi fy nghyfareddu erioed yw Y Drindod. Penllanw ym myd y meddwl crefyddol ddywedwn i.

Mae yna dwtj y dyddiau hyn – yn enwedig mewn efengyliaeth, a bron pob yn ail air yn 'Iesu' – beth a ddigwyddodd, tybed, i un o ddywediadau mawrion yr Atgyfodiad, na thalwyd fawr o sylw iddo erioed, Na chyffwrdd â mi (Ioan 20:17) – i styrbio patrwm prydferth ac angenrheidiol Y Drindod.

Nid o'r awyr iach y tynnwyd yr athrawiaethau. Profiad credinwragedd/wyr yw eu sail, a'r ymgais wedyn mewn geiriau a thrwy gysyniadau cyfoes i grisialu orau y gellir y profiadau creiddiol rheiny heb or-ddweud, na than-ddweud, ran amlaf drwy baradocs ac ystumiau eraill geiriol, a phlygu iaith nes weithiau bron ei thorri. Mater o gael iaith mor 'gywir' ag sydd bosibl yw craidd athrawiaeth. Gan gofio drwy'r adeg mai llun ydyw ar y diwedd, serch hynny. Nid oes y ffasiwn beth â 'thu hwnt' i eiriau, dim ond methiant unigolion i drin geiriau yn y fath fodd fel y medrent – y geiriau – ar eu gwaethaf 'edliw' yr hyn sy'n wir, ac ar eu gorau ei ddangos yn adlewyrchiadau brawddegau a pharagraffau ysbrydoledig eu gwneuthuriad.

Gair y mae'n gas gen i o, o jargon byd addysg, yw argaeledd. Ond i'w ddefnyddio – ac ych! wrth wneud – Duw yn ei 'argaeleddau' yw profiad creiddiol Y Drindod. Yr hyn a glywais ar bregeth un tro – ond nid wyf yn cofio gan bwy nac yn lle, ac yn Saesneg: *God in 'his' availabilities*. Sy'n fwynach i'r glust nag 'argaeledd'.

Rwy'n dwfn amgyffred ar adegau neilltuol 'Y Creawdwr', 'Y Gwaredwr', 'Y Cynhaliwr'. Weithiau ar wahân. Ond yn wastad mewn undod. Fel petai enwi un heb enwi'r lleill yn peri coll (*lack*) – dyna'r teimlad.

Hyn yn eiriol, a thrwy eiriau.

Ond gwell fyth drwy baent.

Paent – tempera, i fod yn fanwl gywir – eicon Andrei Rublev: Y Drindod.

Yn 2005 a minnau wedi derbyn ysgoloriaeth ysgrifennu oddi wrth Llenyddiaeth Cymru, euthum i Rwsia. Euthum â Marc hefo fi.

Yr oeddwn yn hoff o Rwsia ac wedi bod yno o'r blaen tua 1981 a Gorbachev newydd gymryd yr awennau. Yr USSR – neu'r CCCP – oedd hi bryd hynny, a Chomiwnyddiaeth yn parhau i ryw lusgo mynd wedi marwolaethau un-ar-ôl-y-llall Brezhnev, Andropov a Chernenko. Ac wele ddyn ifanc – Mikhail Gorbachev – lle bu'r hen do'n hepian, a'i wraig Raisa yn wastad wrth ei ochr. Dyma oedd cyfnod cychwyniad Perestroika: diwygiadau economaidd Gorbachev yn 80au y ganrif ddiwethaf. Yr oedd y ciw o hyd yn anferthol ar hyd Y Sgwâr Coch i weld Lenin yn ei fawsolëwm, gymaint felly fel y penderfynais beidio ymuno ag o.

Yma ar Y Sgwâr Coch yn 2005 dim ond dau arall a Marc a finnau sydd yn cerdded y ben bore hwn i lawr y grisiau ac i mewn i'r mawsolëwm lle mae'r Lenin cwyrog yr olwg yn fychan llonydd, mewn siwt.

(Ni wn a deimlais hyn ar y pryd, ond afraid oedd dweud yma yn y mawsolëwm danddaearol 'nas gwn pa le y dodasant ef' gan ddirnad drwy hynny y gwahaniaeth rhwng y dyhead dynol am anfarwoldeb a rhodd Atgyfodiad drwy Ras.)

Daw o hyd rhyw ias o ryfeddod ac ofn drosof bob tro y meddyliaf am Y Sgwâr Coch. Ei wacter mawr pan oeddwn i yno, eto'n gweld yn y cof y taflegrau anferth yn mynd heibio, y Politbiwro hen yn eu hetiau yn chwifio eu dwylo'n grynedig o falconi yn y Cremlin. Prydferthwch Cadeirlan Basil yn y pen draw, ond eto rhywsut yn debyg i lond dwrn o lolipos bob lliw yn nwrn plentyn bach. Cofio fy nhad yn crio wrth weld ar y teledu y Fyddin Goch yn mynd i mewn i Tjecoslofacia a rhoi diwedd ar lywodraeth Dubček. Darllen 'Y Fantell' gan Gogol yng nghyfieithiad T. Hudson-Williams yn Ysgol Dyffryn Nantlle, a dechrau fy mherthynas dwym â'r stori fer. Dostoevsky yn gwmpeini parhaus. A miwsig Shostakovich a'r darlun ingol ohono yn nofel Julian Barnes: *The Noise of Time*. Marc yn ein hystafell mewn gwesty yn Sant Petersbwrg – yr enw y tro hwn, Leningrad pan oeddwn yma ddiwethaf – yn gwneud fideo ohono ei hun yn 'diflannu' oherwydd fod ganddo 'y pwerau' i'w hanfon i'w frawd bach, Gwydion, adref gan wybod y byddai hwnnw'n gwylltio'n gaclwm. Y 'Nosau Gwynion' yn Sant Petersbwrg yn golygu ei bod fel hanner dydd a hithau'n hanner nos. Ni'n dau wedi dyfod yma ar y trên o Fosco dros nos er mwyn prynu eicon gan wneuthurwr eiconau ifanc – yr un un gŵr ieuanc a 'ysgrifennodd' – dyna'r gair cywir yn y traddodiad Uniongred – eicon er cof am R.S. Thomas ar gyfer eglwys Sant Ioan Porthmadog; ac i weld hefyd, rhaid addef, un o'r casgliadau gorau yn y byd o weithiau Matisse yn yr Hermitage – Palas y Gaeaf, y Tsar. Pan ddaethom ein dau yn ôl i Mosco, ar ddamwain wrth gerdded drwy fynwent cwfaint Novodevichy daethom ar draws bedd y Raisa Gorbacheva brydferth fu farw o liwcimia yn gymharol ieuanc. Rwsia'n bwysig i mi o hyd er gwaethaf pob dim. Graham Greene yn dweud y byddai'n well ganddo farw yn Rwsia nag yn America. 'Dawn i ddim mor bell â hynny chwaith.

Ond y prif reswm dros ymweld â'r wlad yn 2005 oedd mynd i Oriel Tretyakov yn Mosco ymhle y mae Y Drindod, Andrei Rublev (c.1360/1370–1430?)

Un digalon a fûm i erioed hefo mapiau. Ond yr oedd Marc yn ddeheuig ryfeddol, a chafodd ef hyd i'r oriel yn rhwydd ddigon. Ei dad yn dilyn.

Yn y MOMA yn Efrog Newydd y mae 'Noson Serennog', van Gogh ar y wal ar ei ben ei hun. Felly hefyd y 'Mona Lisa', da

Vinci, yn y Louvre ym Mharis. Ond yma yr oedd Y Drindod – o safbwynt artistig ac esthetig hafal unrhyw ddiwrnod â'r ddau waith a enwyd – ar y llawr mewn cas gwydr mawr ymhlith eiconau eraill o waith Rublev. Ac o'i flaen tair – os cofiaf yn iawn – hen wraig yn cynnau canhwyllau gan ymgroesi eu hunain yn y dull Uniongred. Oherwydd nid llun yw eicon ond ffurf ar weddi. Ffenestr i'r llygaid fynd drwyddi i amgyffred y Dwyfol. Sylweddolais mai dim ond wedi dod i edrych yr oeddwn i. Edrychodd un o'r hen wragedd arnaf am eiliad cyn troi'n ôl i'w defosiwn. Yr oedd gennyf gamera. Teimlais yn hynod chwithig. Tresmasydd oeddwn rhywsut.

Sail yr eicon yw'r disgrifiad (Genesis 18) o ymweliad yr Arglwydd ag Abraham yn ffurf 'triwyr yn sefyll ger ei fron' yng ngwastadedd Mamre 'yng ngwres y dydd' gan orffwys 'dan y pren'. Yn yr eicon gwelir y pren a 'thŷ' Abraham.

A'r tri gŵr, wrth gwrs.

Prydferthwch yw Duw.

Dull awdur Llyfr y Datguddiad o sôn am y prydferthwch Dwyfol yw drwy ddangos i ni feini gwerthfawr:

A'r hwn oedd yn eistedd oedd yn debyg yr olwg arno i faen iasbis a sardin: ac yr oedd enfys o amgylch yr orseddfainc, yn debyg yr olwg arno i smaragdus. (Datguddiad 4:3)

Adrodder yr adnod hon yn uchel ac fe 'gewch' y prydferthwch.

Prydferthwch sydd hefyd yn llawn o barchedig ofn. (Yn hyn o beth cyfeiriaf chi'n ôl at y dyfyniad o Rilke gynnau.)

A'r peth cyntaf i'n taro am yr eicon yw ei brydferthwch. Er

fod hanes ac amser wedi ei gystwyo, lliwiau wedi pylu, y tempera wedi plicio, mae'r prydferthwch yn ei hydreiddio. Prydferthwch geometrig ar un wedd. Oherwydd yn artistig y mae'r eicon yn 'gweithio' drwy gyfres o gylchoedd, y pennaf ohonynt y cylch sy'n rhedeg drwy'r nimbus – y cylch o olau – rownd pennau y 'gwŷr', lawr eu hadenydd ac o gylch eu traed. Nes creu unoliaeth ac undeb perffaith. Yn ddiwinyddol: y Tri yn Un. O edrych ac edrych mae'r 'llun' yn troelli fel rhod. A thaith y llygaid yn mynnu dilyn y cylch.

Sut yr ydym yn dirnad prydferthwch?

Rwy'n meddwl am lun arall. 'The Menin Road' gan Paul Nash. Un o'r lluniau enwocaf sy'n 'darlunio' erchyllterau brwydro Y Rhyfel Mawr, 1914–18. Ynddo mae tyllau y taflegrau'n llawn dŵr, boncyffion coed di-frigau, olion adeilad, pedwar milwr yn fychan fach yng nghanol yr holl ddinistr. Eto y mae'n brydferth. Cymharer o â llun arall gan Nash, 'Trees Beside a Pond' sy'n darlunio eto goed a phwll dŵr ymhell o ryfel, a theimlir yr un prydferthwch.

Hyn yn awgrymu bod prydferthwch yn ymwneud â chanfod patrwm – neu'n well, trefn – beth bynnag fo'r amgylchiadau, sy'n plesio'r llygaid a rhywsut yn cydymffurfio neu'n ymateb i batrymau creiddiol sydd eisioes yn yr ymennydd. O ddinistr rhyfel y mae llun Nash yn trosgynnu y llanast – mae'n fwy na phlesio – drwy geisio trefn. Ac fel 'hiraeth' Williams Parry sy'n gysgod egwan o hiraeth Awstin – ond y ddau hiraeth â'u tarddle 'yn Nuw' – 'yn Nuw' hefyd y mae ffynhonnell prydferthwch. Ac mai pechod ar sawl ystyr yw anhrefnu yr hyn sydd o'i gychwyniad yn drefn. Ein cwymp parhaol a pharhaus fel bodau dynol yw o drefn i anhrefn.

(Drwy'r blynyddoedd yr wyf wedi treulio oriau 'mewn' – fel y dywedir – therapi. Hefo therapyddion penigamp. Nid wyf yn difaru dim. A byddwn yn ei argymell i eraill. Goleuwyd sawl tro rannau tywyll ohonof a oedd yn fy ngyrru ar ddisberod – fy anhrefn. Ond mae angen rhywbeth mwy na goleuo, Fy angen oedd maddeuant. Nid maddeuant yw therapi. Nid Gollyngdod – maddeuant pechodau – yw diwedd y sesiynau. Er mwyn cael hynny rhaid troi – mewn mwy nag un ystyr – i gyfeiriad yr eicon.)

A gwelwn y drefn sy'n graidd i'r prydferth yn y tridyn yn yr eicon. O edrych arnynt o'r chwith i'r dde wrth wynebu'r eicon a gan ddilyn y Fawlgan, dyma'r Tad a'r Mab a'r Ysbryd Glân. Eu pennau yn gwyro i'w gilydd. Eu hwynebau sydd ddi-amser, nid ieuanc, nid hen, ond nid unffurf: ynddynt gwelir eu personoliaethau; gwahanol ond nid unigoliaethol. Cylch arall ystumiau eu dwylo a'u traed yn canoli yn y garegl (y gwpan gymun ar yr allor). Symudiadau eu llygaid. Lliwiau eu gwisgoedd yn cynganeddu â'i gilydd. Yr oll yn creu yr hyn y mae Leonid Ouspensky yn y llyfr ardderchog ar eiconau, *The Meaning of Icons*, Ouspensky a Lossky, yn ei alw yn 'a silent, motionless peace'. (Yn wir, darllener ymateb Ouspensky yn ei grynswth – ni cheir gwell yn unman – i'r eicon. Ei gyd-awdur Vladimir Lossky yn un o ddiwinyddion pwysicaf yr Eglwys Uniongred.)

I rywun fel fi sy'n ymateb yn llawer gwell a dyfnach i lun a delwedd nag i eiriau, wrth edrych ar eicon Y Drindod, Andrei Rublev – hyd yn oed mewn atgynhyrchiad – dirnadaf yr hyn sydd yn bosibl i greadur ei ddirnad o'r Tri yn Un: yr athrawiaeth aruchelaf mewn unrhyw grefydd.

Ac yn help ychwanegol i'r ddirnadaeth mae ffilm Andrei Tarkovsky: Andrei Rublev. Nid yn unig yn cael ei chyfrif fel ffilm orau Tarkovsky, ond hefyd yn un o ffilmiau gorau'r byd. Ffilm dros deirawr o hyd yn olrhain bywyd Rublev drwy gyfnod gwaedlyd ac enbydus yn hanes Rwsia y bymthegfed ganrif. Mae'n cynnwys rhai o ddelweddau mawr byd sinema megis creu cloch enfawr, a seremoni baganaidd Gŵyl Ifan. Mewn du a gwyn y mae y rhan helaethaf o'r ffilm, hyd nes y deuwn i'r diwedd ymhle y mae camera Tarkovsky yn symud yn araf gan oedi hwnt ac yma ar eiconau Rublev gan gynnwys, wrth reswm, Y Drindod, a hynny mewn lliw.

Beth a ddyfyd hynny wrthyf?

Y lliw ar sawl ystyr yw gweledigaeth Rublev sydd yna'n barhaus ac yn ei gynnal drwy ei dramwyo drwy'r byd ysgeler ar brydiau, doniol ambell dro, synhwyrus dro arall. A gweledigaeth grefyddol yw hon. Nid yw'n newid iot ar yr amgylchiadau beunyddiol y cenfydd Rublev ei hun ynddynt, ond fe'u trosgynnir drwy eu gosod o fewn 'enfawredd' Duw; codi'r beunyddiol i'r tragwyddol. Neu gwell fyth, efallai, dirnad bod y tragwyddol yn bresennol yn y beunyddiol, oherwydd yn ein beunyddiol y daw Duw atom. O ddu a gwyn i'r lliw. Byw 'bywyd' y Drindod yn 'egwan' ymhlith ein gilydd mewn cymuned, cymundeb, cydraddoldeb, ac felly mewn undod pwrpas a nod. 'Megis yn y nef, felly ar y ddaear hefyd,' mewn geiriau eraill. Adlewyrchiad y Dwyfol yn y dynol.

Hynny'n dod â fi yn ôl at yr hen wragedd ar eu gliniau o flaen yr eicon yn y Tretyakov, un ohonynt yn edrych yn gwta, ddirmygus i fy nghyfeiriad. Deallasant rhywbeth na ddeallais i. Yr ymateb dynol i Dduw yw gweddi. Mewn gweddi y mae penllanw ein dyndod. Beth bynnag a gredwn ar goedd, beth bynnag yw ein galluoedd ymenyddol, beth bynnag a ysgrifennwn, os nad yw'r pethau hyn yn dechrau ac yn diweddu mewn gweddi nid ydynt o ddim gwerth na budd.

Yr oeddwn wedi gweld hyn o'r blaen, ond i mi ei fethu'n llwyr bryd hynny. Pan oedd Mam yn byw hefo ni yn Y Ficerdy ym Mhorthmadog – cyfnod digon anodd i mi'n bersonol – arferwn wrando arni yn gweddïo'n uchel bob nos, hyd nes i mi beidio oherwydd yr oeddwn yn tresmasu ar dir sanctaidd. Cyfarchai yr 'Iesu Da' – ei geiriau hi – gan adrodd iddo hynt ei dydd, ac enwi ffrindiau a chydnabod, gan gynnwys fi, ac yn ddi-feth fy nhad a oedd wedi marw ychydig flynyddoedd ynghynt gyda'r geiriau: cofia fi ato fo. O! hawdd iawn i'r 'soffistigedig' ddweud – fel y dywedais i yn y dirgel, dwi ddim yn amau – hen wraig yn ei henoed yn troi'n sentimental ac yn mwydro.

Ond na, na, na, yr oedd yn ei meddiant, fel yr oedd ym meddiant yr hen wragedd o flaen Y Drindod y peth angenrheidiol hwnnw – 'y rhan dda', a ddirnadodd Iesu yn Mair yn hanes Mair a Martha yn Efengyl Luc.

A chofio fy mam a'r hen wragedd yn Mosco yn dwyn i gof eiriau Karl Barth a ddyfynnir ym mywgraffiad Christiane Tietz yr wyf eisioes wedi cyfeirio ato a dyfynnu ohono:

Barth protested against being called the 'greatest theologian' of the Twentieth Century. It might well be the case that 'perhaps there is a little man or woman who has been holding Bible studies somewhere very quietly... who has been in reality the greatest theologian of this century.'

Karl Barth y *Dogmatics* ie, ond yn fwy na dim Karl Barth y gwrandawydd ar gerddoriaeth Mozart. Gweld Duw drwy ffenestr Mozart fel gweld Duw drwy ffenestr eicon.

Ond ni allaf ddianc rhag geiriau.

Gadewais weinidogaeth lawn amser yr Eglwys yng Nghymru ddiwedd 2009.

Un peth oedd yn gyfrifol am hynny: fy alcoholiaeth.

Yr wyf wedi dweud digon am hyn, gormod os wyf onest, mewn mannau eraill eisioes fel na theimlaf yr angen na'r awydd i ddweud mwy.

Nid oedd yn deg i ddisgwyl i'r eglwys geisio fy nghynnal mwyach a minnau yn syrthio i'r ddiod yn amlach, amlach fel yr âi'r amser heibio. Yr oedd rhywbeth yn fy mherthynas i a'r eglwys pan oeddwn o'i mewn fel person plwy' ordeiniedig ac yn rhan o'r sefydliad a oedd yn wenwynig i'r eglwys ac i minnau. Hyd y dydd heddiw ni wn yn iawn beth oedd y rhywbeth hwnnw.

Ond y mae'r eglwys a fi yn dal yn ffrindiau. Eglwyswr ydwyf o hyd. Ac a fyddaf. Er fy nghariad mawr at Ymneilltuaeth Cymru, fy nerbyn yn llawn aelod o'r Eglwys Gatholig Rufeinig, a fy ymweliadau â'r Crynwyr.

Ar fy ymadawiad cynigiodd yr Esgob Andrew drwydded i mi er mwyn fy ngalluogi i arwain gwasanaethau, ond fe wrthodais.

Pan adewais gwyddwn rhywbeth yn fy nyfnder, na chawn fyth eto weinyddu'r Cymun Bendigaid. Yr oedd hynny wedi ei dynnu oddi wrthyf.

A chefais yn ei le swp o eiriau a oedd yn hel at ei gilydd i greu cerddi bychain, pob un hefo'r teitl 'duw'.

Y mae gennyf beth myrdd ohonynt erbyn hyn. Fy arferiad yw eu casglu at ei gilydd mewn llyfrynnau bychain yn fy llawysgrif a'u hanfon at ychydig o gydnabod y tybiaf y caent rhywbeth oddi wrthynt, rhyw un gerdd neu ddwy yn canu rhyw gloch fewnol.

At ei gilydd 'dyfod' a wnânt.

Delwedd yw 'craidd' pob un.

Ond delweddau er mwyn di-ddelweddu.

Taflu geiriau oddi ar eu hechelydd.

Hanerir geiriau yn aml. A hynny, efallai, fel torri'r afrlladen yn yr Iwcarist a gollais.

Pan ddarllenais gyfrol yr athronydd a'r dramodydd Ffrengig, Hélène Cixous mewn cyfieithiad: *Three Steps on the Ladder of Writing*, deuais ar draws y darn hwn, y teimlais ei fod yn agos iawn at yr hyn yr oeddwn yn ei 'geisio' yn y cerddi 'duw':

> The thing that is both known and unknown, the most unknown and the best unknown, this is what we are looking for when we write. We go toward the best known unknown thing, where knowing and not knowing touch, where we hope we will know what is unknown. Where we hope we will not be afraid of understanding the incomprehensible, facing the invisible, hearing the inaudible, thinking the unthinkable, which is of course: thinking. Thinking is trying to think the unthinkable: thinking the thinkable is not worth the effort. Painting is trying to paint what you cannot paint and writing is writing what you cannot know before you have written: it is preknowing and not knowing, blindly,

> with words. It occurs at the point where blindness and light meet. Kafka says – one very small line lost in his writing – 'to the depths, to the depths'. Going to the depths is exactly what these people do – exactly what Dostoevsky did in the last century.
>
> (Cyf. Sarah Cornell a Susan Sellers)

Nid oeddwn ychwaith am iddynt deimlo nac edrych fel cerddi crefyddol, er mai dyna'n bendant ydynt.

Penderfynodd Cynog Dafis ac Emyr Llywelyn greu copïau ffacsimili o un o'r cyfrolau yn dwyn y teitl: *Cerddaf o'r Hen Fapiau*.

Cefais gefnogaeth – a hwb, os gwir dweud – Cynog ac Emyr, Pryderi ac Eirwen Llwyd Jones, yr Athro M. Wynn Thomas (gweler ei lyfr pwysig: *R.S. Thomas to Rowan Williams: The Spiritual Imagination in Modern Welsh Poetry*), yr Archesgob Rowan Williams (gweler ei ddarlith eisteddfodol nodedig 'Cerdd a Chredo: ydi llunio cerdd grefyddol yn bosibl heddiw', a gyhoeddwyd yn *Y Traethodydd*, Ionawr 2023), y Prifardd Donald Evans, a pharodrwydd yr Athro D. Densil Morgan i gyhoeddi ambell un yn *Y Traethodydd*.

Printiais i fy hun dair cyfrol fechan ynghyd: *Y Farsiandïaeth Annisgwyl*; *Ymarfer Medru*; *eros-*

*olio (n)*

Fe'i hadolygwyd gan yr Athro M. Wynn Thomas yn rhifyn Haf 2024 o *Y Traethodydd*. Ei ddealltwriaeth o drywydd y cerddi a'u ffynhonnell posibl yn fawr.

Fel atodiad i'r gyfrol fechan hon rwy'n mentro cyhoeddi pump ar hugain ohonynt: y mwyafrif yn newydd. Ynghyd â'r rhagair i *Cerddaf o'r Hen Fapiau*.

A gwnaf hynny oherwydd ynddynt yr wyf fi ar fy mwyaf dilys. Nid eu 'gwerth' llenyddol yw y peth. Yr wyf tu hwnt gobeithio erbyn rŵan i boeni am hynny. (Rhywbeth ar gyfer awduron ieuanc yw 'gwerth llenyddol'.) Ond y cerddi sy'n cyfateb ynof fi i weddi Mam a'r hen wragedd yn Mosco. Mae'n debyg erioed fy mod i wedi 'gweddïo' drwy ysgrifennu. Drwy glywed geiriau a'r Adlais o'u mewn.

Nad oedd erioed fy llais i.

Yr oedd dwy farwolaeth y Dydd Gwener y Groglith cyntaf hwnnw.

Marwolaeth Iesu o Nasareth.

A fu farw 'yn Nuw'.

O Dad, i'th ddwylo di y gorchmynnaf fy ysbryd.

A marwolaeth ei fradychwr, Jiwdas Iscariot.

A aeth i'w le ei hun a chrogi ei hun.

A dyna yw'r daith Reit Rownd: o fy lle fy hun i'r bod yn Nuw.

O'r pethau sy'n achosi marwolaeth ynof i Fywyd.

Nid unwaith, nid dwywaith ond o hyd ac o hyd ac o hyd.

Yng nghyfarfyddiad mewn amser Ydwyf Yr Hwn Ydwyf yn y daearol, penodol ei ddaearyddiaeth yng Nghymru a thrwy'r Gymraeg yn gwthio coetj hogyn bach o'r enw Meuryn Eben, Reit Rownd.

O'r Ficerdy, dros bont y lein, heibio Dinas Cottages, Eglwys Sant Gwyndaf Hen, Tir Bach, Morogoro, Plas, hen ysgol Felinwnda, troi i'r chwith a heibio Felinwnda ei hun, dros bont afon Carrog, heibio yn y man hen gaer Dinas y Pridd, heibio Rhedynog, Gwylfa, Parc, ymlaen i Glanrhyd, ar hyd y lôn bost a Menai View ac yn ôl i'r Ficerdy...

a dechrau eto...

ac eto...

...a diweddglo felly'n amhosibl i'r gyfrol fechan hon...

*Fi a fy Nhad a Mam yn mynd Reit Rownd*

*Meuryn — fy ŵyr — a fi yn mynd Reit Rownd*

*Golygfeydd o Reit Rownd: Y lôn hir, Afon Carrog a Dinas y Pridd a'r coed talsyth*

*Eglwys Sant Gwyndaf Hen*

*Glasynys (1828 – 1870)*

*Dic Tryfan (1878 – 1919)*

*Kate Roberts (1891 – 1985)*

*John Gwilym Jones (1904 – 1988)*

*Karl Barth (1886 – 1968)*

*Awstin Sant gan Sandro Botticelli (1445 – 1510)*

*Sylwer ar dudalennau toredig ar y llawr sy'n awgrymu na ellir fyth ysgrifennu'n 'gywir' am Dduw.*

*Capel y Llaswyr, Vence*

12
13
6

# ATODIAD

## Y Rhagair i *Cerddaf o'r Hen Fapiau*

Go brin y gwêl y cerddi hyn olau ddydd ond yn y diwyg y cyflwynaf hwy i chwi yn y llyfryn bychan hwn.

Nid yw'r pwnc, na'r dull o'i fynegi yn mynd i apelio at lawer yn y Gymru Cymraeg sydd ohoni. Nid beirniadaeth o unrhyw fath mo hyn. Ffaith ydyw.

Am y pwnc ei hun: 'duw' sydd yma nid Duw. Dylai hynny fod yn ddigon o esboniad i unrhyw un. Os nad yw, yna ni allaf fi fod o unrhyw gymorth pellach.

Nid geiriau i ddisgrifio unrhyw beth sydd yma, ond geiriau sy'n symud o'r ffordd er mwyn creu lle. Y lle a grëir sydd oruchaf nid yr hyn a ddywedir. Geiriau sy'n absenoli eu hunain ydynt.

Yr oedd gennyf ar un adeg nifer o ddyfyniadau i'w gosod o flaen y cerddi. Erbyn rŵan, setlaf ar un yn unig, un adnod, rhan ohoni: '...un ffunud yw tywyllwch a goleuni i ti.' (Salm 139:12)

Pethau i'w defnyddio yw cerddi yn y diwedd. Medrir defnyddio y cerddi hyn mewn cyfnodau o encilio a gadael iddynt eplesu yn y meddwl.

Aled – Mehefin 2019

# 25 o gerddi 'duw'

## 'duw'

ust

-yr

## 'duw'

mae
ceridwen
iaith
ar
dy
ôl
i'th
ddiffinio
– ymhell
ar
y
blaen
wyt
yn
ymrithio
'n
siap
-iau

## 'duw'

bu

-os

-t

yma

yn nhrymder

nos

dy enw

o

dun

eros

-ol

ar

y wal

o

gnawd

fandal

-iaith

gras

## 'duw'

ymhlith
map
geiriau
nid wyt
– dim
ond yr enwau
mawrion
ewrop   asia   america –

rhyw enlli
a anghofiwyd
blaen pin
os o gwbl
– ond yna
ym mhererindod
fy
llygaid

## **'duw'**

bru-air

ond wedi

ei wagio

– ystyron

canrifoedd

yn dipiau

– yn llygaid plant

y geiriau

mae hiraeth affwys

-ol

yn oed

-olion

yn loetran

ymhlith coll

-ed(en)

-ion

## 'duw'

cell-air

sy'n glynu

wrth y geiriau eraill

nid i'w difa

na'u chwyddo

'n fwy

ond i'w siffrwd

yn batrymau

gwahanol

o ddweud ia

-ch

## **'duw'**

ar glustogau

'r geiriau

ystyron yn gorweddian

i bryfocio

– persawr cysur –

i beth felly

y meiddiwn wacter

y gair hwn a'i groes

-ddweud

## 'duw'

burgyn-air

– a'r geiriau

'n

ei bigo

ar ymyl

iaith

– crawciau

yn

ddi-

amenau

y diddiwedd

a'r

tragwyddol

yn gwa          hanu

## 'duw'

gair fel bae

– i oedi ynddo –

ceredigion

– enwi â'r cyfarwydd yr holl

wingo

ynof

rhinogydd dyheadau

aber

anystwyth

y rhesymol

– sarn badrig

y ffordd allan

o'r bas

cyfoes

– yr anghyffwrdd yn gantre

'r gwaelod

a'r gloch

barhaol

## **'duw'**

beth

roddaist

ym mhoced

marwol

-aeth

## ‘duw’

yn ystafell
y drosedd
– nid oes
marwolaeth
– ’run bwled
yn y wal
gwn ar lawr
corff
yn waed yr ael
– cerddi
o gwmpas
yn dangos
tyst
-iolaeth
o fywyd
– ymgymerwyr
geiriau
’n gadael
yn eu hers
wag

## 'duw'

deillion

y geiriau

o dy gwmpas

– fel ci tywys

yr wyt

yn arwain

– ond nid

i ddiogelwch

## **'duw'**

mam-air
y rhes flaen
– côr adrodd
y geiriau'n ddychryn
o anghofrwydd
– eu llygaid rhywle
rhwng
ffyrnigrwydd a gobaith
yn methu'n lân
â dirnad
siapiau mud
dy geg

## ‘duw’

gair atgof

              -ion

fel eglwys wag

                    yn llawn

– sêt hwn a hwn

– sêt hon a hon

clec

yr afrlladen

– trawstiau

nid o goed

ond o storïau

## 'duw'

cerddaf

labyrinth

y geiriau

yn dy gwmni

– oherwydd gwn

na fyddi

'n

gadael

i mi

setlo

am y llai

sydd

ymhob

gwybod

## 'duw'

gair y barrug

cyntaf

a chwymp dail

y geiriau

i'r gaeaf

eglur

– llawysgrifen

brigau  yn arwydd

-o

'r

awyr

## 'duw'

fel fas

ar deras

brawddeg

cen

-a

-dwr

-i

mwsog

a

iaith

cracia

# **'duw'**

cwch-air

yn tynnu

ar ei ôl

o niwloedd ia

-ith

eglur

-derau

sy'n goleuo

'r galonfeddwl

– fel peilot

ann griffiths

## 'duw'

gair niwc
-arist
wa-
hardd
-wyd
i mi han-
erydd
geiriau
– a'i godi
yn ddau
han ner
– y gwagle
ir
yn yr
holl
-t

(niwc: hen air Caernarfon am geiniog yn yr hen bres)

## ‘duw’

aaron

-air

sy’n

gyfieithydd

i

fy atal

-dweud

ond

cadwaf

fy nhafotrwym

rhag

sglein

y lloeau aur

## ‘duw’

tu ôl

i

ragfuriau geiriau

swatiwn

rhag gwall

-gofrwydd

gwybod

ond trwy

’r

by    lch       au

arwain

ni

’n

ddiogel

i’r

peryglus

## 'duw'

cau drysau

  yw anffyddiaeth

– a theigrod

y cwestiynau

o hyd

yr ochr draw

yn crafangu'r pren

– agoraf ddrws

a'm rhwygo

'n ddarnau

gan

            lew

            ffydd

## 'duw'

mai-air hedd
-iw
mai
-r
yn eir
(ioli)
-iau
sy'n
gwennoli
– a chwcw
-allt
-u
pechodau

(Cwfaint Tŷ Mawr, Trefynwy – 5 o Fai 2024)

## 'duw'

geiriau

fel ymwelwyr s

-ydyn

mewn ac allan

eu capiau o hyd ar foelni

ansoddeiriau

hwn

– ystlum-air

ben i waered

yn gryndod

ar drawst

yn aros

y

nosi

(cofio R.S. – Eglwys Sant Hywyn)

## ‘duw’

gair torri

ar draws

– fel peswch

ar

gan

-ol

-ym

-son

# Coda

Yn ôl ei gyfaddefiad ei hun, anffyddiwr oedd Henri Matisse – fy hoff arlunydd; ef, neu Mark Rothko; ni allaf fyth benderfynu, ac yn dibynnu ar y diwrnod – eto cyfrifai y Chapelle du Rosaire, yn Vence y tu allan i Nice, Ffrainc fel ei orchestwaith. Un o'i weithiau olaf. Ar gyfer lleianod Urdd Dominic. Un o'r lleianod hynny pan adwaenid hi fel Monique Bourgeois – ond bellach fel y Chwaer Jacques-Marie – wedi bod yn fodel a nyrs iddo. A'i dylanwad hi a barodd i'r Matisse cwla ac oedrannus greu Capel y Llaswyr.

Yr oedd creu yn golygu creu popeth. Y ffenestri lliw, Safleoedd y Groes, croes yr allor, amlinell ffigwr Dominic ar y teils gwynion, amlinell y Forwyn a'i Mab, cafn y dŵr swyn, gwisgoedd Cymun yr offeiriad, hyd yn oed teils y to. Popeth.

Yn y cyfnod yma yr oedd Matisse wedi rhoi ei frwshys paent o'r neilltu gan droi yn hytrach at yr hyn a elwir yn *papier découpés*, sef techneg o dorri â siswrn siapiau allan o bapurau a oedd wedi eu peintio mewn gwahanol liwiau yn gynharach gan ei gymhorthydd â phaent *gouache*, a'u rhoi wrth ei gilydd i greu rhai o'r gweithiau mwyaf cynhyrfus a greodd Matisse erioed. Y mae sawl llun ohono a ffilmiau yn ei ddangos naill ai yn ei gadair olwyn neu yn ei wely yn torri'r siapiau hefo'r siswrn mwyaf a welais erioed. Y mae o bellach fel petai o'n uniongyrchol y tu mewn i'r lliwiau. Yn un â hwy. A'i wneud yn un o'r meistri lliw mwyaf a welodd y byd erioed, os nad y mwyaf oll. Cynhyrchodd lyfr ohonynt o'r enw *Jazz*, lle ceir un o'r darnau enwocaf yn y dull yma – *Icarws*. Yn y Tate Modern yn Llundain gellir gweld *Y Falwen*. Y dechneg hon roddodd fod i'r ffenestri lliw a'r gwisgoedd offeiriadol yng Nghapel y Llaswyr.

Ers blynyddoedd yr oeddwn wedi ceisio ymweld â'r capel yn Vence. Ond wedi methu bob tro.

A dyma fi yma.

O'r diwedd.

Ar yr amser 'iawn', wrth gwrs.

Hydref, 2024.

Wedi dal y trên o Nice i Cagnes-sur-Mer, a bws o'r fan honno i Vence, dwi'r cynta yma am ddeg y bore hwn pan agorir y capel i'r cyhoedd.

Bychan yw'r capel.

Un o leianod Urdd Dominic yn ei warchod.

Eisteddaf.

Y ffenestri lliw, patrwm dail.

Glas, gwyrdd, a melyn blodyn menyn – y cafwyd trafferth mawr i'w atgynhyrchu mewn gwydr.

Y glas yng nghwmpeini y lliwiau eraill yn effeithio ar y teimladau fel cynnwrf taro gong, ebe'r artist. Tinc o gythrwfl yn fan'na? Nid heddwch i gyd felly. Nid addurn arwynebol. Bu tuedd i feddwl am Matisse fel arlunydd neis-neis, hawdd ar y llygaid. Gweler ei ymateb i'r Rhyfel Mawr yn *Y Bwrdd Marmor-Lliw-Rhosyn* yn y MOMA, Efrog Newydd: gwacter bron y bwrdd ar ei goesau simsan yn ymdebygu i gofadail. Mae colled a dioddefaint yn cuddied yn rhai o luniau Matisse.

Graffiti – a dyna ydynt – Safleoedd y Groes ar deils gwynion ar y wal gefn. Y marciau duon. Sgriffiadau.

Amlinell Dominic.

Amlinell y Madona a'r Iesu.

Y goleuni drwy'r ffenestri yn gwasgaru'r lliwiau hwnt ac yma.

Ymwelwyr eraill yn siffrwd symud, sibrwd, tynnu lluniau.

Creu gofod o dawelwch a myfyrdod – *contemplation* – oedd dymuniad Matisse.

Diosg pobl o'u gofalon.

Llwyddodd.

Y trosgynnol yn ymgnawdoli mewn lleoliad pendant, yn brydferthwch na welais mo'i fath. Nes creu unoliaeth profiad.

Estheteg a sancteiddrwydd yn cyfarfod mewn amser sy'n ddi-amser.

Ein momentau a'r tragwyddol yn un.

Gwn pan adawaf na allaf fyth ddyfod yn ôl.

Un waith yn unig y ceir gweld hyn.

Dinistrio rhywbeth fyddai ei gyrchu eto.

Ceisiaf oedi fy ymweliad.

Tynnaf luniau.

Gadawaf.

Adref – dywedwyd wrthyf ar neges-destun – mae Meuryn wedi darganfod lliwio. Hefo creons ar hen lyfr lliwio Woolworth ei fodryb Bethan.

Mae ganddo air newydd... 'afa'. Afal, yw hynny.

Be' 'di hwnna, Meuryn? Afa.

Mae o yn dechrau ei daith faith, taith oes, i ddelweddau ac i iaith.

Meuryn Eben Wolfenden, agorodd ddrws Reit Rownd i'w daid.

Iddo fo y cyflwynaf y llyfr hwn.

Gan obeithio y medr rhyw ddiwrnod ei ddarllen

... a'i ddeall.